Armastus:
Seaduse täitmine

Armastus:
Seaduse täitmine

Dr Jaerock Lee

Armastus: Seaduse täitmine, Dr Jaerock Lee
Kirjastaja: Urim Books (Esindaja: Seongnam Vin)
73, Yeouidaebang-ro 22-gil, Dongjak-gu, Sõul, Korea
www.urimbooks.com

Autoriõigusele allutatud. Seda raamatut või selle osasid ei ole lubatud kirjastaja kirjaliku loata mingil kujul reprodutseerida, otsingusüsteemis säilitada ega edastada mingil kujul ega mingite elektroonsete, mehaaniliste vahenditega sellest fotokoopiaid ega salvestusi teha ega seda mingil muul viisil edastada.

(Piiblitsitaadid: Piibel, Tallinn, 1997 – Eesti Piibliseltsi väljaanne; www.piibel.net)

Autoriõigus © 2019, Dr Jaerock Lee
ISBN: 979-11-263-0465-3 03230
Tõlke autoriõigus © 2013, Dr Esther K. Chung. Kasutatud autori loal.

Esmaväljaanne veebruar, 2019

Eelnevalt kirjastatud korea keeles 2009. aastal: Urim Books, Söul, Korea

Toimetaja: Dr Geumsun Vin
Kujundus: Urim Books toimetusbüroo
Trükkija: Prione Printing
Lisateabeks võtke ühendust aadressil: urimbook@hotmail.com

*„Armastus ei tee ligimesele kurja.
Nii on armastus Seaduse täitmine."*

Roomlastele 13:10

Eessõna

Lootes, et lugejad saavad vaimse armastuse kaudu Uude Jeruusalemma.

Ühendkuningriigi reklaamifirma tegi rahvaküsitluse, kus küsiti kiireimat teed Edinburghist, Šotimaalt Londonisse, Inglismaal. Inimesele, kelle vastus valiti välja, anti suur tasu. Tegelikult valiti välja vastus, kus öeldi, et "kui reisida kalli inimesega." Me saame aru, et kui me reisime meile kallite inimeste seltsis, tundub ka pikk teekond lühikesena. Samamoodi, kui meie armastame Jumalat, ei ole raske Tema Sõna ellu rakendada (1. Johannese 5:3). Jumal ei ole meile Seadust andnud ega käskinud meil Tema käsuseadusi pidada, et meie elu raskeks tcha.

Sõna "Seadus" pärineb heebrea sõnast "Torah", mis tähendab "määrusi" ja "õppetundi". Toora tähendab tavaliselt Moosese raamatuid ja kümmet käsku. Aga "Seadus" tähendab ka tervikuna Piibli 66 raamatut või lihtsalt Jumala määrusi, kus meil käsitakse midagi teha, mitte teha või teatud asjadest vabaneda. Inimesed võivad lihtsalt arvata, et Seadus ja armastus ei ole seotud, aga neid ei saa lahutada. Armastus on Jumala pärusosa ja

Jumalat armastamata ei saa me Seadusest täielikult kinni pidada. Seadust saab täita vaid siis, kui me teeme seda armastusest. On üks lugu, kus meile näidatakse armastuse väge. Üks noormees lendas väikelennukiga üle kõrbe ja lennukiga juhtus õnnetus. Tema isa oli väga rikas ja palkas poja leidmiseks päästeameti meeskonna, aga tagajärjetult. Seega ta lasi kõrbesse laiali puistata miljoneid flaiereid, kuhu ta kirjutas: „Poeg, ma armastan sind!" Poeg, kes kõrbes ringi rändas, leidis ühe flaieri ja see andis talle julgust, mille tõttu ta lõpuks pääses. Isa tõeline armastus päästis poja. Nii nagu isa lasi kõrbes flaiereid levitada, on meilgi ülesanne Jumala armastust arvukatele hingedele levitada.

Jumal tõendas oma armastust, saates patuse inimkonna päästmiseks maa peale oma ainusündinud Poja Jeesuse. Aga Jeesuse aja käsutundjad keskendusid Seaduse formaalsustele ja ei saanud Jumala tõelisest armastusest aru. Lõpuks mõistsid nad

Jumala ainusündinud Poja Jeesuse hukka. Nad pidasid Teda jumalapilkajaks, kes tühistas Seaduse ja lõid Ta risti. Nad ei mõistnud Seaduses sisalduvat Jumala armastust.

1. Korintlastele 13. peatükis kujutatakse hästi „vaimset armastust." Seal räägitakse pattude tõttu surma mõistetud inimeste päästmiseks oma ainusündinud Poja saatnud Jumala armastusest ja kogu oma taevase au jätnud ja ristil surnud Isanda armastusest. Kui meiegi tahame Jumala armastust paljudele maailma surevatele hingedele viia, tuleb meil sellisest vaimsest armastusest aru saada ja seda oma ellu rakendada.

„Ma annan teile uue käsu: armastage üksteist! Nõnda nagu mina teid olen armastanud, armastage teiegi üksteist! Sellest tunnevad kõik, et te olete minu jüngrid, kui te üksteist armastate" (Johannese 13:34-35).

Nüüd on see raamat kirjastatud, et lugejad võiksid

kontrollida, mil määral nad on eneses vaimset armastust kasvatanud ja mil määral nad on tõe valguses muutunud. Ma tänan toimetusbüroo juhatajat Geumsun Vini ja büroo töötajaid ja loodan, et kõik lugejad täidavad Seaduse armastusega ja saavad lõpuks Uude Jeruusalemma, mis on kõigist taevastest asukohtadest ilusaim.

Jaerock Lee

Sissejuhatus

Ma loodan, et lugejad muutuvad Jumala tõe kaudu eneses täieliku armastuse kasvatamise teel.

Üks telekanal viis läbi abielunaiste küsitlusuuringu. Seal küsiti, kas nad tahtsid sama abikaasaga abielluda, kui nad oleksid taas kord valida saanud. Tulemus oli jahmatav. Vaid 4% naistest tahtis sama abikaasat uuesti valida. Tõenäoliselt abiellusid nad oma abikaasaga armastusest. Miks nad pidanuks tol juhul oma meelt muutma? See juhtus, kuna nende armastus ei olnud vaimne. Käesolevas teoses *Armastus: Seaduse täitmine* õpetatakse meid niisugust vaimset armastust tundma.

1. osas „Armastuse olulisus" vaadeldakse erinevaid abikaasade, vanemate ja laste, sõprade ning ligimeste vahelisi armastuse viise ja kust me saame seetõttu ettekujutuse lihaliku ja vaimse armastuse erinevuse kohta. Vaimne armastus tähendab, et me armastame teist inimest muutumatu südamega ja ei soovi vastutasuks midagi. Aga lihalik armastus muutub erinevates olukordades ja oludes ja sellepärast on vaimne armastus väärtuslik ja ilus.

2. osas „Armastage armastuse peatüki kohaselt" liigitatakse 1.

Korintlastele 13. peatükk kolmeks osaks. Esimene osa „Jumala soovitud armastus" (1. Korintlastele 13:1-3) on peatüki sissejuhatus, kus rõhutatakse vaimse armastuse tähtsust. Teine osa „Armastuse iseloomustus" (1. Korintlastele 13:4-7) on armastuse peatüki põhiosa ja seal räägitakse vaimse armastuse 15 iseloomulikust omadusest. Kolmas osa „Täiuslik armastus" on armastuse peatüki kokkuvõte, kus öeldakse, et usk ja lootus on ajutiselt vajalikud, kui me marsime oma maapealse elu ajal taevariigi suunas, aga armastus kestab ka taevariigis igavesti edasi.

3. osas „Armastus on Seaduse täitmine" selgitatakse, kuidas Seadust armastusega täita. Sellega antakse edasi ka meid maa peal kasvatava Jumala armastus ja meile päästetee avanud Kristuse armastus.

„Armastuse peatükk" on vaid üks Piibli 1189 peatükist. Aga see on nagu aardekaart, kus näidatakse suure aarde leiukohta, sest seal õpetatakse meid üksikasjalikult Uue Jeruusalemma teed tundma. Isegi kui meil on kaart ja me teame teed, ei ole sellest kasu, kui me tegelikult näidatud teed mööda ei lähe. Nimelt, see on kasutu, kui me ei ela vaimse armastusega.

Vaimne armastus valmistab Jumalale rõõmu ja me saame võime niisugust vaimset armastust omada sama palju, kui me kuulame ja rakendame oma ellu Jumala Sõna, mis on Tõde. Kui me saame vaimse armastuse, saame me Jumala armastuse ja õnnistuste osaliseks ja läheme lõpuks Taeva kõige ilusamasse eluasemesse – Uude Jeruusalemma. Armastus on inimese loomise ja kasvatamise ülim eesmärk. Ma palun, et kõik lugejad armastaksid esiteks Jumalat ja armastaksid oma ligimest nagu iseennast, et nad võiksid saada Uue Jeruusalemma pärliväravad avavad võtmed.

Geumsun Vin
Toimetusbüroo juhataja

Sisukord

Eessõna · VII

Sissejuhatus · XI

1. osa Armastuse olulisus

1. peatükk: Vaimne armastus · 2
2. peatükk: Lihalik armastus · 10

2. osa Armastage armastuse peatüki kohaselt

1. peatükk: Jumala soovitud armastus · 24
2. peatükk: Armastuse iseloomustus · 40
3. peatükk: Täiuslik armastus · 150

3. osa Armastus on Seaduse täitmine

1. peatükk: Jumala armastus · 162
2. peatükk: Kristuse armastus · 174

„Ja kui te armastate neid, kes teid armastavad,

mis lahkust te selle eest ootate?

Isegi patused armastavad neid, kes neid armastavad."

Luuka 6:32

1. osa
Armastuse olulisus

1. peatükk : Vaimne armastus

2. peatükk : Lihalik armastus

Vaimne armastus

*„Armsad, armastagem üksteist,
sest armastus on Jumalast ja igaüks, kes armastab,
on sündinud Jumalast ja tunneb Jumalat.
Kes ei armasta, see ei ole tundnud Jumalat,
sest Jumal on armastus."*
1. Johannese 4:7-8

Juba sõna „armastus" kuulmine paneb meie südame põksuma ja tekitab meeleliigutust. Kui me armastame kedagi ja jagame kogu eluaja jooksul tõelist armastust, on meie elu täis kõige suuremat õnne. Vahel kuuleme me, kuidas inimesed võidavad armastuse väega surmalaadse olukorra ja muudavad oma elu ilusaks. Armastus on õnneliku elu jaoks vajalik, see sisaldab suurt väge meie elu muutmiseks.

Merriam Websteri sõnaraamatus *The Merriam-Webster's Online Dictionary* määratletakse armastust kui „tugevat tunnet teise vastu, mis tuleb sugulussidemetest või isiklikest sidemetest" või „kiindumust, mis põhineb imetlusel, heatahtlikkusel või ühistel huvidel." Aga Jumal räägib kõrgemal tasemel olevast armastusest, mis on vaimne. Vaimne armastus taotleb teiste kasu; see valmistab neile rõõmu, annab lootust ja elu ja ei muutu kunagi. Pealegi, sellest ei ole meile vaid selle ajutise maapealse elu jooksul kasu, aga see viib meie hinge pääsemisele ja toob meile igavese elu.

Lugu naisest, kes juhatas oma abikaasa kogudusse

Oli kord üks naine, kes elas ustava kristlase elu. Aga abikaasale ei meeldinud, et naine koguduses käis ja ta tegi naise elu raskeks. Isegi taolistes raskustes olles käis naine iga päeva koidikul palvekoosolekul ja palus oma abikaasa eest. Ühel päeval läks ta varahommikul oma abikaasa kingi kaasa võttes palvetama. Ta hoidis kingi rinnal ja palus pisarsilmil: „Jumal, täna tulid vaid need kingad kogudusse, aga las järgmisel korral tulla ka kingade omanik."

Veidi aega hiljem toimus midagi hämmastavat. Abikaasa tuli kogudusse. Lugu läks edasi järgnevalt: teatud ajahetkel, kui abikaasa läks kodunt tööle, tundis ta oma kingades soojust. Ja ühel päeval nägi ta, kuidas naine läks tema kingadega kuhugile ja järgnes talle. Naine läks kogudusse. Mees oli pahane, aga ei suutnud kiusatusest võitu saada. Ta pidi teada saama, mida naine tema kingadega koguduses teeb. Kui mees hiilis vaikselt kogudusse sisse, palvetas ta naine, hoides tema kingi tugevasti oma rinna vastas. Mees kuulis naise palvet ja iga sõna tolles palves oli mehe heaoluks ja õnnistuseks. Ta tundis meeleliigutust ja paratamatut kahjutunnet, et ta oli naist niimoodi varem kohelnud. Lõpuks tundis mees armastusest naise vastu meeleliigutust ja temast sai siiras kristlane.

Enamik naisi oleks sellises olukorras palunud tavaliselt minult palvet, öeldes: „Abikaasa teeb mu elu kibedaks lihtsalt sellepärast, et ma käin koguduses. Palun palveta minu eest, et abikaasa ei kiusaks mind koguduses käimise pärast enam taga." Aga siis ma vastaksin: „Jõua kiiresti pühitsusele ja hakka vaimus elama. See lahendab su probleemi." Naised armastavad abikaasat siis suurema vaimse armastusega, jõudes kohta, kus nad saavad igasugusest patust vabaks ja muutuvad vaimseks. Milline abikaasa teeks oma naise elu kibedaks, kui naine on ohvrimeelne ja teenib meest kogu südamest?

Minevikus oleks naine kogu süü mehe kaela veeretanud, aga nüüd tunnistas ta tõe läbi muutunult, et tema oli süüdi ja alandus. Siis ajas vaimuvalgus pimeduse ära ja abikaasa võis samuti muutuda. Kes palvetaks teise eest, kes nende elu raskeks teeb? Kes ohverdaks end hüljatud ligimeste eest ja jagaks nendega tõelist armastust? Jumalalapsed, kes on õppinud Isanda käest, kuidas tõeliselt armastada, suudavad teistele taolist armastust viia.

Muutumatu armastus
ja Taaveti ning Joonatani sõprus

Joonatan oli Iisraeli esimese kuninga Sauli poeg. Kui ta nägi, et Taavet lõi vilistide esivõitleja Koljati lingu ja kiviga rivist välja, teadis ta, et Taavet oli sõjamees, kelle üle oli Jumala Vaim. Joonatan oli ise sõjaväeülem ja Taaveti julgus vallutas ta südame. Sellest ajast peale armastas Joonatan Taavetit otsekui iseennast ja nende vahele tekkisid väga tugevad sõprussidemed. Joonatan armastas Taavetit nii palju, et tal ei olnud Taaveti heaks mitte millestki kahju.

Ja kui Taavet oli kõneluse Sauliga lõpetanud, siis oli Joonatani hing nagu ühte köidetud Taaveti hingega ja Joonatan armastas teda nagu oma hinge. Ja Saul võttis tema selsamal päeval enese juurde ega lasknud teda minna tagasi isakodusse. Ja Joonatan tegi Taavetiga liidu, sest ta armastas teda nagu oma hinge. Ja Joonatan võttis ära oma ülekuue, mis tal seljas oli, ja andis Taavetile, nõndasamuti oma muud riided koos oma mõõga, ammu ja vööga (1. Saamueli raamat 18:1-4).

Joonatan oli kuningas Sauli esimese pojana troonipärija ja ta oleks Taavetit lihtsalt vihata võinud, sest inimesed armastasid Taavetit väga palju. Aga ta ei soovinud kuninga tiitlit. Selle asemel riskis Joonatan Taaveti päästmiseks oma eluga, kui Saul püüdis Taavetit oma trooni hoidmiseks tappa. Taoline armastus oli Joonatani surmani muutumatu. Kui Joonatan suri Gilboa lahingus, leinas Taavet ja nuttis ning paastus õhtuni.

Mul on sinu pärast kitsas käes, mu vend Joonatan! Sa olid mulle väga kallis. Naiste armastusest imelisem oli su armastus minu vastu (2. Saamueli raamat 1:26).

Pärast seda kui Taavet sai kuningaks, leidis ta Joonatani ainsa poja Mefiboseti, andis talle tagasi kogu Sauli vara ja hoolitses palees tema eest, otsekui oleks tegu tema enda pojaga (2. Saamueli raamat 9. peatükk). Samamoodi tähendab vaimne armastus, et me armastame teist inimest kogu eluaja jooksul muutumatu südamega ja teeme seda ka siis, kui see ei ole meile kasulik, vaid teeb meile hoopis kahju. Lihtsalt vastutasu lootusega kena olemine ei ole tõeline armastus. Vaimne armastus tähendab eneseohverdust ja lihtsalt teistele tingimusteta andmist, tehes seda puhtast südamest ja ehtsate motiividega.

Jumala ja Isanda muutumatu armastus meie vastu

Suurem osa inimestest kogeb südamevalu oma elus esineva lihaliku armastuse tõttu. Kui me tunneme valu ja üksindust kergesti muutuva armastuse tõttu, leidub keegi, kes meid trööstib ja meie sõbraks saab. See on Isand. Inimesed põlastasid ja hülgasid Ta, kuigi Ta oli süütu (Jesaja 53:3), seega Tema mõistab meie südant väga hästi. Ta jättis oma taevase au ja tuli maa peale alla, et kannatuste teed mööda minna. Seda tehes sai Ta meie tõeliseks trööstijaks ja sõbraks. Ta armastas meid tõeliselt, kuni ristisurmani.

Enne kui ma hakkasin Jumalat uskuma, olin ma paljude haiguste küüsis ja kogesin põhjalikult vaesusest tingitud vaeva ja üksindust. Pärast seitset pikka haiguseaastat oli minust järel vaid haige ihu, pidevalt suurenev võlg, inimeste põlastus, üksindus ja meeleheide. Kõik, keda ma olin varem usaldanud ja armastanud, jätsid mind. Aga kui ma tundsin, et ma olin kogu universumis täiesti üksinda, tuli keegi minu juurde. See oli Jumal. Kui ma kohtusin Jumalaga, sain ma korraga igast haigusest terveks ja hakkasin uut elu elama.

Armastus, mille Jumal andis mulle, oli tasuta and. Ma ei armastanud Teda esimesena. Ta tuli esimesena minu juurde ja sirutas oma käed minu poole. Kui ma hakkasin Piiblit lugema, kuulsin ma Jumala armastuse tunnistust.

Kas naine unustab oma lapsukese ega halasta oma ihuvilja peale? Ja kui nad ka unustaksid, ei unusta mina sind mitte. Vaata, ma olen sind märkinud oma peopesadesse, su müürid on alati mu silme ees (Jesaja 49:15-16).

Jumala armastus meie vastu on saanud avalikuks selles, et Jumal oma ainusündinud Poja on läkitanud maailma, et me tema läbi elaksime. Selles on armastus – ei, mitte selles, et meie oleme armastanud Jumalat, vaid et Tema on armastanud meid ja on läkitanud oma Poja lepitusohvriks meie pattude eest (1. Johannese kiri 4:9-10).

Jumal ei jätnud mind isegi siis, kui ma vaevlesin oma kannatustes pärast seda, kui kõik olid mu maha jätnud. Kui ma tundsin Tema armastust, täitusid mu silmad pisaratega. Ma tundsin kannatatud vaevade kaudu, et Jumala armastus oli tõeline. Aga siis sai minust pastor, jumalasulane, kes trööstib palju hingi ja tasub Jumalalt saadud armu eest.

Jumal on armastus. Ta saatis oma ainusündinud Poja maa peale meie – patuste inimeste pärast. Ja Ta ootab, et me tuleksime taevariiki, kuhu Ta on pannud väga palju ilusaid ja kalleid asju. Me võime tunda Jumala tundlikku ja külluslikku armastust, kui me oma südame isegi vaid veidi avame.

Tema nähtamatu olemus, Tema jäädav vägi ja jumalikkus on ju maailma loomisest peale nähtav, kui mõeldakse Tema tehtule, nii et nad ei saa endid vabandada (Roomlastele 1:20).

Miks mitte mõtelda lihtsalt ilusa looduse peale? Sinine taevas, tüüne meri ja kõik puud ja taimed on Jumala tehtud, et anda meile maapealse elu ajal taevariigi lootus, kuniks me sinna jõuame.

Me tunneme Jumala hingust, mis väljendab Tema armastust meie vastu mreranda puudutavatest lainetest otsekui tantsiskledes vilkuvate tähtedeni, suurte koskede valjus kohinas ja meist mööduvas tuulepuhangus. Kuna armastav Jumal valis meid oma lasteks, siis milline peaks meie armastus olema? Meil peab olema igavene ja tõene armastus ning mitte tähendusetu armastus, mis muutub, kui olukord ei ole meie jaoks kasulik.

2. PEATÜKK — Lihalik armastus

Lihalik armastus

„Ja kui te armastate neid, kes teid armastavad,
mis lahkust te selle eest ootate?
Isegi patused armastavad neid,
kes neid armastavad."
Luuka 6:32

Üks mees seisab suure rahvasumma ees, näoga Galilea mere poole. Sinised säbarlained merel Tema selja taga paistavad otsekui nad tantsiksid Tema selja tagant puhuvas mahedas tuules. Kõik inimesed on vaikselt, et kuulata Tema sõnu. Ta rääkis tasase, ent otsustava tooniga siin-seal väikesel mäekünkal istuvale rahvasummale, et nad saaksid maailma valguseks ja soolaks ja armastaksid isegi oma vaenlasi.

Sest kui te armastate neid, kes teid armastavad, mis palka te saate? Eks tölneridki tee sedasama? Ja kui te üksnes vendi tervitate, mida orilist te siis teeie? Eks paganadki tee sedasama? (Matteuse 5:46-47).

Nii nagu Jeesus ütles, uskmatud ja isegi kurjad inimesed suudavad armastada neid, kes nende vastu kenad on ja kes neile kasulikud on. On olemas ka väär armastus, mis näib välispidiselt hea, aga ei ole sisimas tõene. See on lihalik armastus, mis muutub teatud ajavahemiku jooksul ja puruneb ning laguneb isegi väikeste asjade tulemusena.

Lihalik armastus võib aja jooksul igal hetkel muutuda. Kui olukord või asjaolud muutuvad, võib lihalik armastus muutuda. Inimestel on sageli kalduvus oma suhtumist saadava eelise või kasu kohaselt muuta. Inimesed annavad ainult siis, kui nad on esiteks teiste käest midagi saanud või nad annavad ainult siis, kui andmisest tõuseb neile mingit potentsiaalset tulu. Kui me anname ja tahame sama vastutasuks või kui me tunneme pettumust, kui teised ei anna meile midagi vastutasuks, on see samuti seetõttu, et meie armastus on lihalik.

Vanemate ja laste vaheline armastus

Laste heaks pidevalt andvate vanemate armastus liigutab paljude südant. Vanemad ei ütle, et laste eest on kogu jõust hoolitsemine raske, sest nad armastavad oma lapsi. Tavaliselt soovivad vanemad lastele häid asju anda ka siis, kui see tähendab, et nad ei saa ise hästi süüa ega hästi rõivastuda. Aga vanemate südamesopis leidub ikkagi koht, kus on armastus laste vastu, kui nemadki otsivad omakasu.

Kui nad tõesti armastavad oma lapsi, peaksid nad vastutasu tahtmata laste eest isegi oma elu anda suutma. Kuid tegelikult leidub palju lapsevanemaid, kes kasvatavad oma lapsi omakasu ja au saamise pärast. Nad ütlevad: „Ma räägin seda teie oma kasuks", aga tegelikult püüavad nad oma lapsi kontrollida viisil, mis teostab nende kuulsusesoovi või toob neile rahalist tulu. Kui lapsed valivad oma elukutse või abielluvad ja valivad vanematele vastuvõetamatu tee või abikaasa, on vanemad sellele väga vastu ja pettuvad. See tõendab, et vanemate andumus ja eneseohverdus laste suhtes oli tegelikult tingimuslik. Vanemad püüavad saada oma laste kaudu neile osutatud armastuse eest vastutasuks seda, mida nad tahavad.

Laste armastus on tavaliselt vanemate omast palju väiksem. Koreas öeldakse: „Kui vanemad kannatavad haigust kaua, jätavad kõik lapsed nad maha." Kui vanemad on haiged ja vanad ja neil puudub paranemislootus ja lapsed peavad nende eest hoolt kandma, tunnevad nad, et olukorraga on üha raskem tegeleda. Kui lapsed on väikesed, räägivad nad isegi asju nagu: „Ma ei abiellu ja ma tahan lihtsalt teiega elada, emme ja issi." Nad võivad tegelikult arvata, et nad tahavad oma vanematega kogu ülejäänud eluaja jooksul elada. Aga kui nad saavad vanemaks, tunnevad nad üha vähem huvi oma vanemate vastu, sest nad on hõivatud elatise teenimisega. Inimsüdamed on tänapäeval patule nii tuimad ja kuri on nii ülekaalukas, et vahel tapavad vanemad oma lapsed ja vastupidi.

Abielumehe ja – naise vaheline armastus

Aga kuidas on lood abikaasadega? Kui nad kohtumas käivad, räägivad nad armsaid asju nagu: „Ma ei suuda sinuta elada. Ma armastan sind igavesti." Aga mis juhtub pärast abiellumist? Nad tunnevad oma abikaasa vastu halvakspanu ja ütlevad: „Ma ei saa sinu pärast elada nii nagu ma tahan. Sa oled mind alt vedanud."

Varem nad tunnistasid oma armastust teineteise vastu, aga pärast abiellumist mainivad nad sageli lahus elamist või lahutust lihtsalt seeõttu, et nad arvavad, et nende perekondlik taust, haridus või isiksused ei klapi. Kui toit ei ole nii hea kui abikaasa soovib, kaebab ta naisele ja ütleb: „Mis toit see on? Siin pole midagi söödavat!" Samuti, kui abikaasa ei teeni piisavalt palju raha, näägutab naine mehe kallal ja räägib asju nagu: „Minu sõbranna abikaasa on juba direktoriks edutatud ja teise abikaasa on täidesaatev ametnik.....Millal sind edutatakse.....ja minu teine sõber ostis suurema maja ja uhiuue auto, aga mida meie teeme? Millal meie saame paremad asjad?"

Korea koduvägivalla statistikas kasutavad peaaegu pooled abielupaaridest oma abikaasa vastu vägivalda. Seega paljude abielupaaride esimene armastus kaob ja siis nad hakkavad teineteist vihkama ja tülitsema. Tänapäeval on palju abielupaare, kes lähevad juba mesinädalate ajal lahku! Abielust lahutuseni kulub keskmiselt samuti vähem aega. Abikaasad arvasid, et nad armastasid oma teistpoolt väga palju, aga koos elades näevad nad teineteise negatiivseid külgi. Kuna nende mõtteviisid ja maitsed erinevad, liiguvad nad iga asja suhtes pideval kokkupõrkekursil. Seda tehes jahtuvad kõik nende tunded, mida nad armastuseks pidasid.

Isegi kui neil ei pruugi teistega mingisuguseid selgeid probleeme olla, harjuvad nad teineteisega ja aja jooksul jahtuvad esimese armastuse tunded. Siis hakkavad nad teisi mehi või naisi vaatama. Abikaasa on pettunud, et naine näeb hommikul korratu välja ja kui naine muutub vanemaks ja võtab kaalus juurde, tunneb abikaasa, et naine ei ole enam meeldiv. Armastus peab aja jooksul süvenema, aga enamasti ei juhtu see nii. Lõppude lõpuks tõendavad neis toimuvad muudatused, et tegu oli omakasu taotleva lihaliku armastusega.

Vendadevaheline armastus

Samadele vanematele sündinud õed ja vennad, kes on koos kasvanud, peaksid üksteisele lähedasemad olema kui teistele inimestele. Nad võivad paljus üksteisele toetuda, sest nad on palju ühist läbi elanud ja neisse on kogunenud armastus, mida nad tunnevad üksteise vastu. Aga mõnel õel-vennal on rivaalitsemise tunne ja nad on teiste vendade-õdede peale kadedad.

Esmasündinud võivad lihtsalt tunda, et mingi osa vanemate

armastusest, mida nende vastu tunti, on ära võetud ja noorematele õdedele-vendadele osaks saanud. Teisena sündinud lapsed võivad tunda end ebastabiilselt, sest nad tunnevad end oma suure venna või õe suhtes alaväärselt. Need õed ja vennad, kellel on nii vanemaid kui nooremaid õdesid-vendi, võivad tunda nii alaväärsust vanemate õdede-vendade suhtes ja koormat, mida nad peavad nooremate suhtes kandma. Nad võivad end ka ohvrina tunda, sest nad ei pälvi oma vanemate tähelepanu. Kui õed ja vennad ei tegele taoliste tunnetega õieti, on neil tõenäoliselt teiste vendade ja õdedega ebasoodsad suhted.

Inimkonna esimene mõrv leidis samuti aset vendade vahel. Selle põhjustas armukadedus, mida Kain tundis Jumala õnnistuste suhtes oma noorema venna Aabeli vastu. Sellest ajast alates on kogu inimajaloos vendade ja õdede vahel pidevalt võitlused ja lahingud aset leidnud. Vennad vihkasid Joosepit ja müüsid ta Egiptusesse orjaks. Taaveti poeg Absalom lasi ühel oma meestest oma venna Amnoni tappa. Tänapäeval võitlevad väga paljud vennad ja õed üksteisega vanemate päranduse tõttu. Neist saavad üksteisele otsekui vaenlased.

Kuigi olukord ei ole nii tõsine kui ülaltoodud juhtudel, kui nad abielluvad ja loovad oma pere, ei saa nad oma õdelele-vendadele enam endisega võrreldes samapalju tähelepanu osutada. Ma sündisin kuue venna ja õe hulgast viimase pojana. Vanemad vennad ja õed armastasid mind väga palju, aga kui ma olin seitse pikka aastat erinevate haiguste tõttu voodihaige, olukord muutus. Minust sai neile üha raskem koorem. Nad püüdsid mu haigusi mingil määral ravida lasta, aga kui viimane lootus kadus, eemaldusid nad minust ühekaupa.

Ligimestevaheline armastus

Korea rahval on väljendus, mis tähistab „naabernõbusid." See tähendab, et meie naabrid on sama lähedased kui meie perekonnaliikmed. Kui suurem osa inimestest tegeles minevikus põllumajandusega, olid naabrid väga kallid ja suutsid üksteist aidata. Aga see väljendus on üha ebatõesemaks muutunud. Tänapäeval hoiavad inimesed ukse kinni ja lukus ja ei lase isegi naabreid sisse. Me kasutame isegi tugevaid turvasüsteeme. Inimesed ei tea enam, kes nende kõrval elavad.

Nad ei hooli teistest ja neil ei ole vähimatki kavatsust teada saada, kes nende naabrid on. Nad hoolivad vaid iseendist ja nende jaoks on olulised vaid nende lähimad perekonnaliikmed. Nad ei usalda üksteist. Samuti, kui nad tunnevad, et naabrid tekitavad neile mingit tüli, viga või kahju, boikotivad või võitlevad nad naabritega kõhkematult. Tänapäeval on palju naabreid, kes kaebavad teised tühiasjade pärast kohtusse. Üks inimene pussitas oma ülakorruse korteris elavat naabrit lärmi eest, mida see tegi.

Sõpradevaheline armastus

Aga kuidas on siis lood sõpradevahelise armastusega? Võib-olla te arvate, et keegi sõber on alati teie poole peal. Aga isegi keegi, keda te sõbraks peate, võib teid reeta ja jätta teid rusudes südamega.

Mõnel juhul võib keegi paluda, et sõbrad laenaksid talle suure rahasumma või hakkaid tema käendajateks, sest teda ähvardab pankrot. Kui sõbrad keelduvad, väidab ta, et teda reedeti ja ta ei taha oma sõpru enam kunagi näha. Aga kes tegutseb selles olukorras vääralt? Kui te oma sõpra tõesti armastate, ei valmistaks te sõbrale valu. Kui te olete pankroti äärel ja kui sõbrad teie käendajateks hakkavad, kannatavad nad oma perekonnaliikmetega kindlasti teiega koos. Kas armastus tõesti paneb sõbrad nii ohtlikku olukorda? See ei ole armastus. Aga tänapäeval juhtub taolist üsna sageli. Lisaks, Jumala Sõnas keelatakse meil raha teiste käest ja teistele laenata ja tagatiseks anda või kellegi käendajaks hakata. Kui me niisuguseid Jumala Sõnu ei kuula, on enamasti hiljem tegu saatana tööga ja kõik asjasse segatud kannatavad kaliju.

Mu poeg, kui oled hakanud käendajaks oma ligimesele, kui oled löönud kätt võõra heaks, kui oled oma suu sõnude pärast võrku mässitud, oma suu sõnade pärast kinni püütud (Õpetussõnad 6:1-2).

Ära ole nende seas, kes kätt löövad, kes hakkavad käendajaks võlgade eest! (Õpetussõnad 22:26).

Mõned arvavad, et targem on sõlmida sõprussidemeid selle baasilt, mida sõpradelt saada võiks. On tõsi, et tänapäeval on väga raske leida kedagi, kes tahaks ligimeste või sõprade vastu tuntava armastuse ajel loobuda oma ajast, jõupingutustest ja rahast.

Mul on lapsepõlvest saadik palju sõpru olnud. Enne Jumala uskumist pidasin ma sõprade ustavust eluaegseks. Ma arvasin, et meie sõprussuhted kestavad igavesti. Aga kui ma olin kaua haigevoodis, sain ma täiesti aru, kuidas sõpradevaheline armastus muutus omakasu kohaselt.

Esialgu uurisid mu sõbrad veidike, kust leida häid arste või head rahvameditsiini ravi ja viisid mind sinna, aga kui ma ei taastunud mingil moel, lahkusid nad ühekaupa. Hiljem olid mu ainsateks sõpradeks mu jooma-ja mängurluskaaslased. Isegi need sõbrad ei tulnud minu juurde armastusest minu vastu, vaid ainult seetõttu, et nad vajasid kohta, kus veidike viibida. Isegi lihaliku armastuse korral kinnitatakse vastastikust armastust, ent see muutub peagi.

Oleks tõesti hea, kui vanemad ja lapsed, vennad ja õed, sõbrad ja ligimesed ei taotleks omakasu ja ei muudaks kunagi oma suhtumist? Kui lood on nii, tähendab see, et neil on vaimne armastus. Aga enamasti ei ole neil taolist vaimset armastust ja nad ei leia olemasolevast armastusest tõelist rahuldust. Nad otsivad oma perekonnaliikmete ja ligimeste armastust. Aga seda tehes muutuvad nad veelgi armastusenäljasemaks, otsekui janukustutuseks merevett juues.

Blaise Pascal ütles, et iga inimese südames on Jumala kujuline vaakum, mida ei saa täita ühegi loodud asjaga, vaid üksnes Jeesuse kaudu arusaadavaks saanud Looja Jumalaga. Me ei saa tõelist rahuldustunnet ja me kogeme tähendusetuse tunnet, kuniks see tühimik täitub Jumala armastusega. Kas see tähendab siis, et selles maailmas ei ole muutumatut vaimset armastust? See pole tõsi. Vaimne armastus ei ole tavaline, kuid see on kindlasti olemas. 1. Korintlastele 13. peatükis räägitakse meile selgesõnaliselt tõelisest armastusest.

Armastus on pika meelega, armastus hellitab, ta ei

ole kade, armastus ei kelgi ega hoople, ta ei käitu näotult, ta ei otsi omakasu, ta ei ärritu. Ta ei jäta meelde paha, tal ei ole rõõmu ülekohtust, aga ta rõõmustab tõe üle. Ta lepib kõigega, ta usub kõike, ta loodab kõike, ta talub kõike (1. Korintlastele 13:4-7).

Jumal kutsub sellist armastust vaimseks ja tõeliseks. Kui me tunneme Jumala armastust ja muutume tõe kaudu, võime me omandada vaimse armastuse. Olgu meil vaimne armastus, mille abil me saame üksteist kogu südamest armastada ja muutumatu suhtumine ka siis, kui see toob meile kasu asemel hoopis kahju.

Vaimse armastuse kontrollimise viisid

On inimesi, kes usuvad ekslikult, et nad armastavad Jumalat. Selleks, et näha, mil määral me oleme kasvatanud tõelist vaimset armastust ja Jumala armastust, saame me kontrollida oma tundeid ja tegusid ajal, kui me läbime puhastavaid läbikatsumisi, katsumusi ja raskusi. Me võime end kontrollida, et näha kui palju me oleme eneses tõelist armastust kasvatanud, vaadates, kas me tõesti oleme rõõmsad ja täname kogu südamest ja kas me järgime pidevalt Jumala tahet või mitte.

Kui me kurdame ja väljendame olukorra suhtes oma halvakspanu ja kui me taotleme maailmalikke meetodeid ja toetume inimestele, tähendab see, et meis pole vaimset armastust. See tõendab lihtsalt, et meie teadmised Jumala kohta on pelgalt mõistuse tasandil ja mitte teadmised, mida me oleme oma südamesse istutanud ja seal kasvatanud. Nii nagu valeraha paistab ehtsa raha sarnane, kuid on ikkagi vaid pelk paberitükk, ei ole vaid teadmiste tasandil olev armastus tõeline. See on väärtusetu. Kui meie armastus Isanda vastu ei muutu ja kui me toetume Jumalale igas olukorras ja igasugustes raskustes, võime me öelda, et me oleme kasvatanud omale tõelise armastuse, mis on vaimne.

„Ent nüüd jääb usk, lootus, armastus,

need kolm, aga suurim neist on armastus."

1. Korintlastele 13:13

2. osa
Armastage armastuse peatüki kohaselt

1. peatükk : Jumala soovitud armastus

2. peatükk : Armastuse iseloomustus

3. peatükk : Täiuslik armastus

Jumala soovitud armastus

„Kui ma räägiksin inimeste ja inglite keeli,
aga mul ei oleks armastust,
siis ma oleksin kumisev vasknõu või kõlisev kuljus.
Ja kui mul oleks prohvetianne ja ma teaksin kõiki saladusi
ja ma tunnetaksin kõike ja kui mul oleks kogu usk,
nii et ma võiksin mägesid teisale tõsta,
aga mul ei oleks armastust, siis poleks minust ühtigi.
Ja kui ma kõik oma vara ära jagaksin
ja kui ma oma ihu annaksin põletada,
aga mul ei oleks armastust, siis ma ei saavutaks midagi."
1. Korintlastele 13:1-3

Järgnev toimus Lõuna-Aafrika orbudekodus. Lapsed haigestusid ühekaupa ja haigete arv kasvas. Kuid nad ei leidnud mingit haiguse põhjust. Orbudekodusse kutsuti kuulsaid arste, et nad haigetele diagnoosi paneksid. Arstid uurisid haigeid põhjalikult ja kostsid siis: „Kui lapsed on ärkvel, kallistage neid ja väljendage neile kümne minuti jooksul oma armastust."

Üllatuseks hakkas põhjuseta haigestumine taanduma, sest lapsed vajasid üle kõige südamlikku armastust. Isegi kui me ei pea elatuskulude tõttu muret tundma ja elame rikkalt, ei saa meil armastuseta elulootust ega elutahet olla. Võib öelda, et armastus on meie elu kõige tähtsam tegur.

Vaimse armastuse tähtsus

1. Korintlastele 13. peatükis, mida kutsutakse armastuse peatükiks, toonitatakse kõigepealt enne vaimse armastuse üksikasjalikku selgitamist armastuse tähtsust, sest kui me räägime inimeste ja inglite keeltes, aga meil ei ole armastust, oleme me nagu kumisev vaskn õu või kõlisev kuljus.

„Inimeste keeltes" ei tähenda siin Püha Vaimu antud keelte anni kasutamist, vaid siin peetakse silmas kõigi maa peal elavate inimeste keeli nagu inglise, jaapani, prantsuse, vene jms keelt. Tsivilisatsioon ja teadmised on süstematiseeritud ja keele kaudu edasi antud ja seega me võime öelda, et keele vägi on tõesti suur. Keelega võime me väljendada ka oma tundeid ja mõtteid, et me võiksime veenda paljusid või puudutada nende südant. Inimkeeltel on võime inimestele meeleliigutust valmistada ja palju saavutada.

„Inglite keeled" tähistavad ilusaid sõnu. Inglid on vaimolendid ja kujutavad „ilu". Kui mõned räägivad ilusa häälega kauneid sõnu, kirjeldavad inimesed neid ingellikena. Aga Jumal ütleb, et isegi inimeste kõneosavus või inglite ilusad sõnad on armastuseta otsekui kumisev vasknõu või kõlisev kuljus (1. Korintlastele 13:1).

Tegelikult ei teki tugeva tahke terase- ega vasekamaka löömisel vali heli. Kui vasekamakast kõlab vali heli, tähendab see kamakasisest tühimikku või on tegu õhukese ja kerge vasetükiga. Kuljused kõlisevad valjult, sest need on tehtud õhukesest pronksitükist. Inimestega on samamoodi. Me oleme täiesti küpse viljapea laadselt väärtuslikud ainult siis, kui me oleme saanud oma südame armastusega täitmise kaudu Jumala tõelisteks poegadeks ja tütardeks. Vastupidi, armastuseta inimesed on lihtsalt tühjade sõkalde sarnased. Miks see niimoodi on?

1. Johannese 4:7-8 öeldakse: *„Armsad, armastagem üksteist, sest armastus on Jumalast ja igaüks, kes armastab, on sündinud Jumalast ja tunneb Jumalat. Kes ei armasta, see ei ole tundnud Jumalat, sest Jumal on armastus."* Nimelt, armastuseta inimestel ei ole Jumalaga midagi ühist ja nad on lihtsalt viljaterata sõkla sarnased.

Niisuguste inimeste sõnad on väärtusetud ka siis, kui need on kõneosavad ja ilusad, sest need ei suuda teistele tõelist armastust ega elu edastada. Aga need tekitavad teistele inimestele ainult ebamugavust nagu kumisev gong või kõlisev simbal, sest need on kerged ja seest õõnsad. Teisest küljest on armastust sisaldavatel sõnadel hämmastav eluandev vägi. Jeesuse elu tõendas seda.

Sisuline armastus toob elu

Ühel päeval õpetas Jeesus templis ja kirjatundjad ning variserid tõid Tema juurde ühe naise. Ta tabati abiellurikkumiselt. Naise sinnatoonud kirjatundjate ja variseride silmis ei leidunud ainsatki kaastundenooti.

Nad ütlesid Jeesusele: *„Õpetaja, see naine tabati abielurikkumiselt. Mooses on Seaduses käskinud niisugused kividega surnuks visata. Mida nüüd Sina ütled?"* (Johannese 8:4-5).

Iisraeli Seadus on Jumala Sõna ja käsuseadus. Seal on klausel, mis näeb ette abielurikkujate kividega surnuks pildumist. Kui Jeesus oleks öelnud, et nad oleksid naist Seaduse alusel kividega surnuks pilduma pidanud, oleks see tähendanud Ta oma sõnadele risti vastuminekut, sest Ta õpetas inimestele isegi nende vaenlaste armastamist. Kui Ta oleks käskinud naisele andestada, oleks olnud tegu selge seaduserikkumisega, mis oleks Jumala Sõna vastu läinud.

Kirjatundjad ja variserid tundsid end uhkelt ja arvasid, et neile avanes võimalus Jeesus paika panna. Jeesus teadis nende südant väga hästi ja kirjutas oma sõrmega midagi maa peale. Siis Ta tõusis ja ütles: *„Kes teie seast ei ole pattu teinud, visaku teda esimesena kiviga!"* (Johannese 8:7).

Kui Jeesus kummardus taas ja kirjutas sõrmega maha, lahkusid inimesed ühekaupa. Jäid vaid naine ja Jeesus. Jeesus päästis naise elu Seadust rikkumata.

Kirjatundjate ja variseride sõnad ei olnud väliselt valed, sest nad esitasid vaid Jumala Seaduses kirjutatu. Aga nende sõnad olid

Jeesuse omadest väga erineva motiiviga. Nad püüdsid teistele kahju teha, kuid Jeesus püüdis päästa hingi.

Kui meil on niisugune Jeesuse süda, palvetame me teisi arvestades sõnadega, mis teistele jõudu annavad ja viivad nad tõe sisse. Me püüame iga sõnaga, mida me räägime, elu anda. Mõned püüavad teisi veenda Jumala Sõnaga või nad üritavad teiste käitumist korrigeerida, osutades nende puudustele ja vigadele, mis nende arvates ei ole head. Isegi kui niisugused sõnad on õiged, ei too need teistele inimestele muudatust ega anna neile elu, kui neid ei räägita armastuses.

Seega me peame alati end kontrollima, kas me räägime eneseõigusest ja oma mõttemallidest lähtuvalt või kas meie sõnad lähtuvad teistele elu andmiseks armastusest. Libedate sõnade asemel võib vaimset armastust sisaldav sõna saada eluveeks hingede janu kustutamiseks ja väärtuslikeks kalliskivideks, mis toovad vaevatud hingedele rõõmu ja tröösti.

Ennastohverdav armastus

Tavaliselt tähistab „prohvetikuulutus" tulevikusündmusi. Piibellikus mõttes tähendab see Püha Vaimu sisendusel Jumala Südames sisalduva teatud otstarbeks vastu võtmist ja tulevikusündmustest rääkimist. Prohvetlik ettekuulutamine ei ole midagi, mida inimese tahtest teha. 2. Peetruse 1:21 öeldakse: „ ... *sest iialgi pole ühtegi prohvetiennustust esile toodud inimese tahtel, vaid Pühast Vaimust kantuina on inimesed rääkinud, saades sõnumi Jumala käest.*" Niisugust prohvetiennustuse andi ei anta suvaliselt igaühele. Jumal ei anna seda andi inimesele, kes ei ole pühitsusele jõudnud, et ta ei läheks kõrgiks.

„Prohvetikuulutuse and", millest räägitakse vaimse armastuse peatükis, ei ole see and, mida antakse vaid mõnele teatud inimesele. See tähendab, et igaüks, kes usub Jeesust Kristust ja elab tões, võib tulevikku näha ja ette kuulutada. Nimelt, kui Isand naaseb õhus, võetakse päästetud esiteks üles ja nad osalevad seitsmeaastasel pulmasöömaajal, aga päästmata inimesed kannatavad maa peal seitsmeaastast kannatusteaega ja lähevad pärast suure valge trooni kohut põrgusse. Aga isegi kui koigil jumalalastel on niisugune „tulevikusündmustest rääkimise" prohvetianne, ei ole neil kõigil vaimset armastust. Kõigele vaatamata, kui neil pole vaimset armastust, muudavad nad oma suhtumist omakasu järgides ja seega ei ole neil prohvetiannist mingit kasu. And ise ei saa armastusest lähtuda ega sellest üle olla.

„Saladus" tähendab siin saladust, mis oli enne aegade algust varjul ja mis on risti sõnum (1. Korintlastele 1:18). Risti sõnum on inimese pääsemise ettehoole, mille Jumal tegi enne aegade algust omal valikul. Jumal teadis, et inimesed teevad pattu ja lähevad surma teed. Sellepärast valmistas Ta Jeesuse Kristuse, kellest sai enne aegade algust Päästja. Jumal pidas seda salajas, kuni see ettehoole teostus. Miks Ta seda tegi? Kui päästetee oleks teada olnud, ei oleks see vaenlase kuradi ja saatana vahelesekkumise tõttu täide läinud (1. Korintlastele 2:6-8). Vaenlane kurat ja saatan arvasid, et nad saavad Jeesust tappes Aadamalt saadud meelevalda igavesti hoida. Aga see juhtus, kuna nad ässitasid kurje inimesi ja tapsid Jeesuse ning see avas päästetee! Aga isegi kui me teame niisugust suurt saladust, ei tee see teadmine meile vaimse armastuse olemasoluta mingit kasu.

Teadmistega on samamoodi. Siin ei tähista termin „kõik teadmised" akadeemilist õppimist. See tähistab Jumala ja tõe tundmist Piibli 66 raamatus. Kui me õpime Jumalat Piibli kaudu tundma, peaksime me ka Temaga kohtuma ja Teda isiklikult kogema ja kogu südamest uskuma. Vastasel juhul jääksid Jumala Sõna teadmised vaid meie peas olevateks teadmisteks. Me võime teadmisi isegi ebasoodsalt kasutada, näiteks teiste üle kohut mõistes ja neid hukka mõistes. Seega, vaimse armastuseta ei ole meil teadmistest mitte midagi kasu.

Aga mis juhtub, kui meie usk on nii suur, et selle abil saab liigutada mäge? Suure usu omamine ei tähenda ilmtingimata suurt armastust. Miks siis usu ja armastuse kogus ei ole täpselt kooskõlas? Usk võib imesid ja tunnustähti ja Jumala tegusid nähes kasvada. Peetrus nägi, kuidas Jeesus tegi palju imesid ja tunnustähti ja sellepärast võis temagi vee peal käia kui Jeesus seda tegi, kuigi hetkeliselt. Aga sel ajal ei olnud Peetrusel vaimset armastust, sest ta ei olnud veel Püha Vaimu saanud. Ta ei olnud oma südant veel pattudest vabanemise teel ümber lõiganud. Seega, kui ta elu oli hiljem ohus, salgas ta Jeesust kolm korda.

Me võime aru saada, miks meie usk võib kogemuse teel kasvada, aga vaimne armastus tuleb meie südamesse vaid siis, kui me näeme vaeva, oleme andunud ja toome ohvreid, et pattudest vabaneda. Aga see ei tähenda ka, et vaimse usu ja armastuse vahel puuduks otsene seos. Me võime pattudest vabaneda ja me võime üritada Jumalat ja hingi armastada, sest meil on usk. Kuid ilma tegelikult Isandale sarnanemise tegudeta ja tõelist armastust kasvatamata ei ole meie tööl jumalariigi heaks mitte midagi ühist

Jumalaga, hoolimata sellest, kui ustavad me olla püüame. See on täpselt nii nagu Jeesus ütles: *"Ja siis ma tunnistan neile: Ma ei ole teid kunagi tundnud, minge ära minu juurest, te ülekohtutegijad!"* (Matteuse 7:23).

Taevaseid tasusid toov armastus

Tavaliselt annetavad paljud organisatsioonid ja üksikisikud ringhäälingu või ajalehefirmade jaoks puudustkannatajate aitamiseks raha. Aga mis juhtub, kui ajaleht või edastaja ei maini nende nime? Võib olla ei teeks liiga paljud üksikisikud ja ettevõtted siis enam annetusi.

Jeesus ütles Matteuse 6:1-2: *"Hoiduge aga, et te oma vagasid tegusid ei tee inimeste ees, et nemad teid vaataksid, muidu ei ole teil palka oma Isalt, kes on taevas! Kui sa nüüd almuseid jagad, siis ära lase enese ees pasunat puhuda, nii nagu silmakirjatsejad teevad sünagoogides ja tänavatel, et inimesed neid ülistaksid. Tõesti, ma ütlen teile, neil on oma palk käes!"*

Kui me aitame teiste austuse saamiseks, võidakse meid hetkeks austada, aga me ei saa Jumala käest mingit tasu.

Taoline andmine on üksnes eneserahuldamiseks või sellest kiitlemiseks. Kui inimene teeb heategevuslikku tööd vaid vormitäiteks, tunneb ta end üha rohkem kiita saades üha paremini. Kui Jumal õnnistab niisugust inimest, võib ta end Jumala silmis õieti tunda. Siis ta ei lõika oma südant ümber ja see on ta jaoks üksnes kahjulik. Kui heategevuslikku tööd teha armastusest ligimeste vastu, ei hoolita, kas teised teid tunnustavad või mitte, sest te usute, et Isa Jumal, kes näeb salajas tehtut, tasub teile (Matteuse 6:3-4).

Heategevuslik töö Isanda heaks ei tähenda vaid põhiliste eluliste vajaduste riietuse, toidu ja eluaseme rahuldamist. Siin on tegemist rohkema kui hinge päästmiseks vaimse leiva andmisega. Tänapäeval ütlevad paljud, olgu nad siis usklikud või mitte, et koguduste osaks on aidata haigeid, hüljatuid ja vaeseid. Muidugi ei ole see vale, kuid koguduse esmaülesanneteks on evangeeliumi kuulutamine ja hingede päästmine, et nad saaksid vaimset rahu. Heategude ülimaks eesmärgiks on nende eesmärkide saavutamine.

Seega, kui me aitame teisi, on väga oluline Püha Vaimu juhatusel heategevuslikku tööd õieti teha. Kui teatud inimest aidata mingil ebasündsal viisil, hõlbustab see tolle inimese veelgi suuremat eemaldumist Jumalast. Kõige hullemal juhul võib see isegi inimese surmasuhu ajada. Näiteks, kui aidata neid, kes liigjoomise ja mängurluse tõttu vaesustuvad või neid, kes on raskustes, sest nad läksid Jumala tahte vastu, siis põhjustab taoline abi üksnes nende veelgi rohkemat vale teed pidi minekut. Muidugi ei tähenda see ka toda, et me ei tohiks aidata neid, kes ei ole usklikud. Me peaksime aitama uskmatuid ja neile Jumala armastust edastama. Aga me ei tohiks unustada, et heategude peamine eesmärk on evangeeliumi levitamine.

Nõrga usuga vastpöördunute puhul on oluline, et me neid tugevdaksime, kuni nende usk kasvab. Vahel on vähese usuga vastpöördunute puhul oluline, et me tugevdaksime neid, kuni nende usk kasvab. Vahel on isegi usuga inimeste seas neid, kellel on kaasasündinud haigusi või tõbesid ja teisi, keda õnnetused ei ole lasknud ise omale elatist teenida. On ka vanu inimesi, kes elavad üksinda või lapsi, kes peavad vanemate puudusel perekonda ülal pidama. Need inimesed võivad heategusid hädasti vajada. Kui tõelisi abivajajaid aidata, teeb Jumal meie hinge loo heaks ja kõik läheb meie elus hästi.

Apostlite tegude 10. peatükis sai Korneelius õnnistuse. Korneelius oli jumalakartlik ja aitas juudi rahvast palju. Ta oli sõjapealik, Iisraeli valitseva okupatsioonisõjaväe kõrgetasemeline juht. Ta pidi oma olukorras olema raske kohalikke aidata. Juudid olid tõenäoliselt ettevaatlikud ja kahtlustasid tema tegevust ja ta kaaslasedki kritiseerisid tõenäoliselt tema poolt tehtut. Aga kuna ta oli jumalakartlik, ei lakanud ta häid tegusid ja heategusid tegemast. Jumal nägi lõppkokkuvõttes kõiki ta tegusid ja saatis Peetruse tema kotta, et mitte vaid tema pere, aga kõik tema kodus olijad saaksid vastu võtta Püha Vaimu ja pääsemise.

Vaimse armastusega ei tule teha vaid heategusid, aga ka Jumalale ohvrite toomist. Markuse 12. peatükis kirjutatakse lesknaisest, keda Jeesus kiitis, sest ta andis ohvrianni kogu südamest. Ta andis lihtsalt kaks vaskmünti, mis oli kogu ta elatis. Miks siis Jeesus kiitis teda? Matteuse 6:21 öeldakse: „...Sest kus su aare on, seal on ka su süda." Öeldu kohaselt, kui lesknaine andis kogu oma elatisraha, tähendas see, et kogu ta süda oli pööratud Jumala poole. See väljendas ta armastust Jumala vastu. Vastupidiselt, vastumeelselt või teiste suhtumist ja arvamust arvesse võttes antud ohvriannid ei ole Jumalale meelepärased. Järelikult, niisugused ohvriannid ei too andjale kasu.

Räägime nüüd eneseohverdusest. „Oma ihu põletamiseks andmine" tähendab siin „täielikku eneseohverdust." Tavaliselt tuuakse ohvreid armastusest, aga seda saab ka armastuseta teha. Millised on siis armastuseta toodud ohvrid?

Pärast Jumalale töö tegemist eri asjade üle kurtmine on näide armastuseta ohvri toomise kohta. See juhtub, kui te olete Jumala töösse andnud kogu oma jõu, aja ja raha, aga keegi ei tunnusta ega kiida seda ja siis te tunnete kurbust ja kurdate selle üle. See juhtub, kui te näete oma kolleege ja tunnete, et nad ei ole sama innukad kui teie, kuigi nad väidavad, et nad armastavad Jumalat ja Isandat. Te võite neid isegi sisimas laisaks pidada. Lõpuks on tegu vaid teie kohtuotsuse ja nende hukkamõistmisega. Niisugune suhtumine sisaldab salajas soovi, et teie teened tehtaks teistele teatavaks, et nad kiidaksid teid ja kiitleksid uhkelt teie ustavusest. Taoline ohver võib rikkuda inimestevahelist rahu ja Jumalale südamevalu teha. Sellepärast ei ole armastuseta toodud ohvrist mingit kasu.

Võib-olla ei kurda te välispidiselt sõnu välja rääkides. Aga kui keegi ei tunnusta teie ustavaid tegusid, kaotate te julguse ja peate end mitte millekski ja teie ind Isanda vastu jahtub. Kui keegi osutab teie vigadele ja nõrkustele tegudes, mida te tegite kogu oma jõust ja mida tehes te isegi tõite iseend ohvriks, võite te julguse kaotada ja süüdistada teid kritiseerinud inimesi. Kui keegi kannab teist enam vilja ja teised kiidavad ja soosivad teda, tunnete te tema vastu armukadedust ja kadestate teda. Siis ei saa te enesesse tõelist rõõmu, hoolimata sellest, kui ustav ja tuline te olete olnud. Te võite isegi loobuda oma ülesannetest.

Leidub ka neid, kes on innukaid ainult siis, kui teised näevad neid. Kui teised ei näe neid ja neid ei märgata enam, muutuvad nad laisaks ja teevad oma tööd umbropsu või ebaõigelt. Väliselt mitte nähtavate tegude asemel püüavad nad saavutada vaid seda, mis on teistele äärmiselt nähtav, sest nad soovivad end oma ülemustele ja paljudele teistele näidata ja nende kiitust saada.

Seega, kui inimesel on usku, kuidas ta saab siis armastuseta ennast ohvriks tuua? See juhtub, kui neil puudub vaimne armastus. Neil puudub omanikutunne, mis laseks neil südames uskuda, et Jumalale kuuluv kuulub ka neile ja vastupidi.

Näiteks, võrrelge olukordi, kus üks põllumees töötab põllul ja talupoeg töötab teisel põllul, kus ta teenib oma töö eest palka.. Kui põllumees töötab oma põllul, näeb ta meeleldi hommikust hilisööni vaeva. Ta ei jäta ühtegi põllutööd vahele ja teeb kõike laitmatult hästi. Aga kui palgatööline töötab teisele inimesele kuuluval põllul, ci kuluta ta töötegemisele kogu oma energiat, selle asemel ta soovib, et päike loojuks võimalikult kiiresti, et ta oma palga saaks ja võiks koju minna. Sama põhimõte kehtib ka jumalariigi kohta. Kui inimeste südames pole Jumala armastust, töötavad nad Tema heaks pinnapealselt nagu palgatöölised, kes tahavad lihtsalt oma palka saada. Nad oigavad ja kurdavad, kui nad ei saa ootustekohast palka.

Sellepärast öeldakse Koloslastele 3:23-24: *„Mida te iial teete, seda tehke kogu hingest, nõnda nagu Isandale ja mitte nagu inimestele, teades, et te saate Isandalt palgaks pärisosa. Teenige Isandat Kristust!"* Teiste aitamine ja eneseohverdus, milles puudub vaimne armastus, ei oma Jumalaga midagi ühist, mis tähendab, et me ei saa Temalt mingit tasu (Matteuse 6:2).

Kui me tahame tõelise südamega ohverdada, peab me südames olema vaimne armastus. Kui meie süda on täis tõelist armastust, võime me jätkata oma elu Isandale pühendamist kõigega, mis meil on, hoolimata sellest, kas teised meid tunnustavad või mitte. Me võime loovutada kõik, mida me omame, nii nagu küünal, mis põleb ja paistab pimedas. Vanas Testamendis valasid preestrid looma Jumalale lepitusohvriks toomiseks tappes ta vere ja põletasid ta rasva altaril. Meie Isand Jeesus valas meie patu eest ohvriks toodud looma kombel viimase vere-ja veetilga, et lunastada kõiki inimesi nende pattudest. Ta oli meile tõelise ohvri eeskujuks.

Miks Ta ohver oli nii tõhus ja lasi paljudel hingedel pääsemisele tulla? See sündis, sest Ta ohver tuli täiuslikust armastusest. Jeesus tegi oma elu ohvriks toomise hinnaga Jumala tahte teoks. Ta palvetas hingede eest viimase hetkeni enne ristilöömist (Luuka 23:34). Sellise tõelise ohvri tõttu ülendas Jumal Ta ja andis Talle kõige aulisema taevase positsiooni.

Seega, Filiplastele 2:9-10 öeldakse: *„Seepärast on Jumal tõstnud Ta kõrgemaks kõrgest ja annetanud Talle selle nime, mis on üle iga nime, et Jeesuse nimes nõtkuks iga põlv nii taevas kui maa peal kui maa all.“*

Kui me saame lahti ahnusest ja ebapuhastest soovidest ja toome end Jeesuse kombel puhta südamega ohvriks, ülendab Jumal meid ja viib meid kõrgemale. Meie Isand lubab Matteuse 5:8: *„Õndsad on puhtad südamelt, sest nemad näevad Jumalat.“* Seega, meid õnnistatakse, et me näeksime Jumalat palgest palgesse.

Armastus läheb õiglusest kaugemale

Pastor Yang Won Sohni kutsutakse „armastuse aatompommiks". Ta näitas eeskuju tõelisest armastusest kantud ohvri toomisega. Ta kandis kogu jõust pidalitõbiste eest hoolt. Ta pandi ka vanglasse, sest ta keeldus Jaapani sõjas Korea Jaapani valitsuse all oleku ajal Jaapani sõjapühamuid kummardamast. Hoolimata oma Jumalale pühendunud tööst, pidi ta šokeerivaid sõnumeid kuulma. 1948. aasta oktoobris tapsid vasakpoolsed sõdurid valitsevate võimude vastu mässates tema kaks poega. Tavalised inimesed oleksid Jumala üle kurtnud ja öelnud: „Kui Jumal elab, siis kuidas Ta võis mulle niimoodi teha?" Aga ta lihtsalt tänas, et ta kaks poega surid märtrisurma ja olid Isanda juures Taevas. Lisaks andestas ta oma kaks poega tapnud mässulisele ja isegi lapsendas ta oma pojaks. Ta tänas Jumalat oma poegade matusel üheksa asja eest, mis puudutas sügavalt väga paljude inimeste südant.

„Esiteks tänan ma selle eest, et mu pojad võisid märtriteks saada, kuigi nad sündisid mu õelusest tulvil vereliinist.

Teiseks, ma tänan Jumalat, et Ta andis mulle nii paljude usklike perede seas just need kallid inimesed mu pereliikmeteks.

Kolmandaks, ma tänan, et mu kolme poja ja kolme tütre seast toodi ohvriks mu esimene ja teine poeg, kes olid neist kõige ilusamad.

Neljandaks, see on raske, kui ühest pojast saab märter, aga ma olen tänulik, et mu kahest pojast said märtrid.

Viiendaks, on õnnistus surra rahus, uskudes Isandat Jeesust ja ma tänan, et nad said märtriau ja neid lasti maha ja tapeti evangeeliumi kuulutamise ajal.

Kuuendaks, nad tegid ettevalmistusi, et minna Ameerika Ühendriikidesse õppima ja nüüd läksid nad taevariiki, mis on Ühendriikidest palju parem koht. Ma tunnen kergendust ja tänan selle eest.

Seitsmendaks, ma tänan Jumalat, kes lasi mul lapsendada mu kasulapse – minu pojad tapnud vaenlase.

Kaheksandaks, ma tänan, sest ma usun, et mu kahe poja märtrisurm toob Taevas rikkalikku vilja.

Üheksandaks, ma tänan Jumalat, kes tegi mind võimeliseks Jumala armastusest aru saama, et ma suudaksin isegi niisugusest raskusest rõõmu tunda."

Pastor Yang Won Sohn ei evakueerunud isegi Korea sõja ajal selleks, et haigete eest hoolitseda. Lõpuks suri ta kommunistidest sõdurite käe läbi märtrisurma. Ta hoolitses haigete eest, kelle teised olid täiesti hüljanud ja kohtles hästi ta pojad tapnud vaenlast. Ta suutis end niimoodi ohvriks tuua, sest ta oli täis tõelist armastust Jumala ja teiste hingede vastu.

Koloslastele 3:14 ütleb Jumal meile: *„Aga üle kõige selle olgu armastus – see on täiuslik side!"* Isegi kui me räägime ilusate inglisõnadega ja meil on prohvetiand ja usk, mis liigutab mägesid ja me ohverdame end puudustkannatajate eest, ei ole need teod Jumala silmis täielikud, kui neid ei tehta tõelisest armastusest. Aga süveneme nüüd igasse tõelise armastuse tunnuse tähendusse, et Jumala armastuse piiritusse mõõtmesse jõuda.

Armastuse iseloomustus

"Armastus on pika meelega, armastus hellitab,
ta ei ole kade, armastus ei kelgi ega hoople,
ta ei käitu näotult, ta ei otsi omakasu, ta ei ärritu.
Ta ei jäta meelde paha, tal ei ole rõõmu ülekohtust,
aga ta rõõmustab tõe üle.
Ta lepib kõigega, ta usub kõike, ta loodab kõike, ta talub kõike."

1. Korintlastele 13:4-7

Matteuse 24. peatükis on olukord, kus Jeesus kurtis, kui Ta Jeruusalemma nägi, teades, et Ta aeg oli saabumas. Jumala ettehoolde tõttu tuli Ta ristile riputada, aga kui Ta mõtles juute ja Jeruusalemma tabavale õnnetusele, pani see Teda itkema. Jüngrid mõtlesid selle üle ja küsisid: *„Mis on Sinu tulemise ja selle ajastu lõpu tunnustäht?"* (3. salm).

Seega, Jeesus rääkis neile paljudest märkidest ja ütles kahjutundega, et inimeste armastus jahtub: *„Ja kui ülekohus võtab võimust, jahtub paljude armastus"* (12. salm).

Tänapäeval võib kindlasti tunda, et inimeste armastus on jahtunud. Paljud otsivad armastust, aga nad ei tea, mis on tõeline armastus ehk vaimne armastus. Me ei saa tõelist armastust lihtsalt seetõttu, et me tahame seda omada. Me hakkame siis seda omandama, kui Jumala armastus tuleb meie südamesse. Siis võime me selle olemust mõista ja ka oma südamest olevast kurjusest vabanema hakata.

Roomlastele 5:5 öeldakse: *„Aga lootus ei jäta häbisse, sest Jumala armastus on välja valatud meie südamesse Püha Vaimu läbi, kes meile on antud."* Öeldu kohaselt, Jumala armastust võib tunda meie südames oleva Püha Vaimu kaudu.

Jumal räägib vaimse armastuse igast tunnusjoonest 1. Korintlastele 13:4-7. Jumalalastel on kohustus neid tunda õppida ja oma ellu rakendada, et nad võiksid saada armastuse sõnumitoojateks, kelle kaudu inimesed saavad vaimset armastust tunda.

1. Armastus on kannatlik

Kui inimesel on vaimse armastuse muude iseloomujoonte seas kannatlikkusest vajaka, võib ta teisi lihtsalt heidutada. Oletame, et ülemus annab kellegile mingi töö teha ja see inimene ei tee tööd õieti. Seega, ülemus annab töö kiiresti kellegile teisele, et tema töö lõpule viiks. Esialgne inimene, kellele töö anti, võib ahastada, sest talle ei antud teist võimalust tehtut parandada. Jumal pani „kannatlikkuse" vaimse armastuse esimeseks iseloomujooneks, sest see on vaimse armastuse kasvatamise kõige olulisem iseloomuomadus. Kui me armastame, ei ole meil tüütu oodata.

Kui me mõistame Jumala armastust, püüame me seda end ümbritsevate inimestega jagada. Vahel, kui me püüame teisi niimoodi armastada, reageerivad inimesed negatiivselt ja see võib valmistada meile tõelist südamevalu või põhjustada suurt kaotust või kahju. Siis ei näi need inimesed enam armsad ja me ei suuda neist hästi aru saada. Vaimse armastuse omamiseks peame me kannatlikud olema ja armastama ka neid inimesi. Isegi kui nad laimavad meid, vihkavad või püüavad meile põhjuseta raskusi valmistada, tuleb meil end vaos hoida, olla kannatlik ja armastada neid.

Ükskord palus üks koguduseliige mul palvetada oma naise depressiooni eest. Ta ütles ka, et ta oli joodik ja kui ta hakkas jooma, muutus ta täiesti teistsuguseks inimeseks ja tegi oma pereliikmete elu raskeks. Kuid naine oli temaga alati kannatlik ja püüdis ta vigu armastusega varjata. Kuid mehe kombed ei muutunud kunagi ja aja jooksul sai temast alkohoolik. Naine kaotas oma elujõu ja masendus.

Mees põhjustas joomise tõttu oma perekonnale väga suuri raskusi, aga ta tuli mu juurde palvesooviga, sest ta armastas siiski oma naist. Pärast mehe loo kuulmist ütlesin ma talle: „Kui sa tõesti oma naist armastad, miks sul on nii raske suitsetamisest ja joomisest loobuda?" Mees ei öelnud midagi ja tal näis enesekindlusest vajaka olevat. Ma tundsin ta perekonnale kaasa. Ma palvetasin, et naine saaks masendusest üle ja palusin, et mees saaks suitsetamise ja joomise mahajätmiseks jõudu. Jumala vägi oli hämmastav! Ta suutis kohe pärast palvet joomisest mõtlemisest loobuda. Enne seda ei suutnud ta kuidagi joomist maha jatta, aga pärast palvet jättis ta selle kohe. Ka naine sai masendusest üle.

Kannatlikkus on vaimse armastuse algus

Vaimse armastuse kasvatamiseks tuleb meil teistega igasugustes oludes kannatlik olla. Kas te tunnete vastu pidades end ebamugavalt? Või kas te kaotate selle naise kingades olles julguse, kui te olete kaua aega kannatlik olnud ja olukord ei taha sugugi paraneda? Siis tuleb meil enne oludest või teiste süüdistamist esiteks oma süda läbi vaadata. Kui me oleme oma südamesse täieliku tõe saanud, oleme me igas olukorras kannatlikud. Nimelt, kui me ei suuda kannatlikud olla, tähendab see, et meie südames on kannatlikkuse puudumisega samaväärselt ikka veel kurjust, mis on vale.

Kannatlikkus tähendab, et me oleme enesega kannatlikud ja püüame igas raskuses, mis meie elus esineb, tõelist armastust üles näidata. Võib esineda raskeid olusid, kus me püüame kõiki Jumala

Sõnale kuuletudes armastada ja see tähendab vaimse armastuse kannatlikkust, mis on igas taolises olukorras kannatlik.

Niisugune kannatlikkus erineb kannatlikkusest, mis on üks Püha Vaimu üheksast viljast Galaatlastele 5:22-23. Kuidas see erineb? Püha Vaimu üheksa vilja seas olev „kannatlikkus" õhutab meid olema kannatlik kõiges, mis puudutab jumalariiki ja selle õigsust, aga vaimse armastuse kannatlikkus tähendab vaimse armastuse kannatlikku kasvatamist ja seega sel on kitsam ja spetsiifilisem tähendus. Me võime öelda, et see kuulub kannatlikkuse juurde, mis on üks Püha Vaimu üheksast viljast.

Tänapäeval alustavad inimesed teiste vastu väga lihtsalt kohtuprotsesse, kui nende varale või heaolule vähimatki kahju tekitatakse. Inimeste seas on kohtuprotsesside laviin. Paljudel kordadel kaevatakse oma naine või mees või isegi vanemad või lapsed kohtusse. Kui te olete teistega kannatlik, võivad inimesed teid isegi pilgada ja teid rumalaks pidada. Aga mida ütleb Jeesus selle kohta?

Matteuse 5:39 öeldakse: *„Aga mina ütlen teile: Ärge pange*

Kannatlikkus, mis on üks Püha Vaimu üheksast viljast

1. See tähendab kõigest valest loobumist ja tõe abil oma südame kasvatamist
2. See tähendab teistest aru saamist, nende kasu taotlemist ja nendega rahujalal olemist
3. See tähendab palvevastuseid, pääsemist ja Jumalalt lubatu saamist

vastu inimesele, kes teile kurja teeb, vaid kui keegi lööb sulle vastu paremat põske, keera talle ka teine ette!" ja Matteuse 5:40: „Ja sellele, kes tahab sinuga kohut käia ning võtta su särki – jäta talle ka kuub!" Jeesus ei käsi meil üksnes mitte kurja kurjaga tasuda, vaid ka kannatlik olla. Ta käsib meil ka kurjadele head teha. Me võime arvata: „Kuidas me võime neile inimestele head teha, kui me oleme nii vihased ja haiget saanud?" Kui meil on usk ja armastus, oleme me selle tegemiseks enam kui suutelised. Tegu on usuga meie pattude eest oma ainusündinud Poja lepitusohvriks andnud Jumala armastusse. Kui me usume, et me oleme niisuguse armastuse saanud, võime me andeks anda ka taolistele inimestele, kes põhjustasid meile palju kannatusi ja tegid meile viga. Kui me armastame Jumalat, kes armastas meid nii palju, et Ta andis meie eest oma ainusündinud Poja ja kui me armastame Isandat, kes andis meie eest oma elu, võime me armastada ükskõik keda ja igaühte.

Piiritu kannatlikkus

Mõned inimesed suruvad oma vihkamise, viha või keevalisuse ja muud negatiivsed tunded maha, kuni nad jõuavad lõpuks oma kannatuse piirile ja pahvatavad lõpuks. Mõned introverdid ei väljenda end lihtsalt, nad üksnes kannatavad oma südames ja see tekitab liigse stressi tõttu ebasoodsaid tervislikke seisundeid. Niisugune kannatlikkus sarnaneb käsitsi metallvedru kokkupressimisega. Kui käed vedrult võtta, vedru vallandub ja tõukub paigast.

Kannatlikkus, mida Jumal meis näha tahab, tähendab muutumatu suhtumisega lõpuni kannatlik olemist. Ehk täpsemalt, niisuguse kannatlikkuse olemasolu korral ei pea me isegi millegi suhtes kannatlik olema. Me ei talleta oma südames vihkamist ja halvakspanu, vaid eemaldame sealt kurja loomuse, mis niisuguseid halbu tundeid tekitas ja muudame selle armastuseks ja kaastundeks. See on kannatlikkuse vaimse tähenduse olemus. Kui meie südames ei ole kurjust, vaid üksnes täiuslik vaimne armastus, ei ole meil raske isegi oma vaenlasi armastada. Tegelikult ei lase me üleüldse mingit vaenulikkust endasse tekkida.

Kui meie süda on täis vihkamist, tüli, kadedust ja armukadedust, näeme me esiteks kaasinimestes negatiivset, isegi siis, kui nad on tegelikult heasüdamlikud. Seda võib võrrelda päikeseprillide kandmisega, mille läbi kõik tundub tumedam. Aga teisalt, kui meie süda on täis armastust, siis isegi need inimesed, kes teevad meile kurja, tunduvad ikkagi meeldivad. Me ei vihkaks neid, hoolimata nende puudustest, puudujääkidest, vigadest või nõrkustest. Isegi kui nad vihkaksid meid ja teeksid meile kurja, ei vihkaks me neid vastu.

Kannatlikkus on ka Jeesuse südames, kes „ei murra rudjutud pilliroogu ega kustuta suitsevat tahti." See on Stefanose südames, kes palvetas ka nende eest, kes teda kividega pildusid ja ütles: *„Isand, ära pane seda neile patuks!"* (Apostlite teod 7:60). Nad pildusid ta kividega surnuks lihtsalt seetõttu, et ta kuulutas neile evangeeliumi. Kas Jeesusel oli raske patuseid armastada? Sugugi mitte! Ta suutis seda teha, sest Ta süda on tõde ise.

Ühel päeval küsis Peetrus Jeesuse käest küsimuse. „Siis ütles

Peetrus tema juurde astudes: *"Isand, kui mitu korda minu vend võib minu vastu patustada ja mul tuleb talle andeks anda? Kas aitab seitsmest korrast?"* (Matteuse 18:21). Siis ütles Jeesus talle: *"Ma ei ütle sulle seitse korda, vaid kas või seitsekümmend seitse korda"* (22. salm).

See ei tähenda, et me peaksime andestama ainult seitsekümmend korda seitse korda ehk 490 korda. Seitse tähendab vaimses mõttes täiuslikkust. Seega, seitsekümmend seitse korda andestamine tähistab täiuslikku andestust. Me võime tunda Jeesuse piiritut armastust ja andestust.

Kannatlikkus, mis teeb vaimse armastuse teoks

Muidugi ei ole lihtne vihkamist üleöö armastuseks muuta. Me peame lakkamatult, kaua aega kannatlikud olema. Efeslastele 4:26 öeldakse: *"Kui vihastute, siis ärge tehke pattu! Ärgu päike loojugu teie vihastumise üle!"*

Siin öeldakse „kui vihastute", pöördudes nõrgausuliste poole. Jumal ütleb neile, et isegi kui nad vihastuvad oma usupuuduse tõttu, ei tohiks nad üle ühe päeva ehk „kaua" vihased olla, vaid peaksid laskma lihtsalt neil vihatunnetel lahtuda. Igaüks võib oma usumõõdu kohaselt vimmatunde või viha tekkimisel neist tunnetest kannatlikkuse ja vastupidavuse abil vabaneda ja muuta oma südant tõeseks ning kasvatada oma südames vähehaaval vaimset armastust.

Mis puutub südamepõhja kanda kinnitanud patuloomusesse, võib inimene sellest vabaneda, kui ta palvetab innukalt Püha Vaimu täiuses. On väga oluline, et me püüaksime näha neid inimesi, kes meile ei meeldi, neid soosides ja neile heategusid teha. Seda tehes kaob varsti meie südames olev vihkamine ja siis me võime neid inimesi armastada. Meis ei ole konflikti ja me ei vihka kedagi. Samuti võime me elada õnnelikult, otsekui me oleksime Taevas, tehes seda täpselt nii nagu Isand ütles: *„Sest ennäe, Jumala riik on teie seas!"* (Luuka 17:21).

Inimesed ütlevad rõõmustades, et nad on otsekui Taevas. Samamoodi, teie keskel olev taevariik tähistab südamest kogu valest vabanemist ja südame tõe, armastuse ja headusega täitmist. Siis ei pea te kannatlik olema, sest te olete alati õnnelik ja rõõmus ja armust tulvil ja kuna te armastate kõiki, kes teid ümbritsevad. Mida rohkem te olete kurjast vabanenud ja heaks saanud, seda vähem te kannatlikkust vajate. Mida rohkem teis on vaimset armastust, seda vähem teil tuleb oma tundeid alla surudes kannatlik olla; te suudate kannatlikult ja rahulikult armastuses teiste muutumist oodata.

Taevas ei ole pisaraid, kurbust ega valu. Kuna seal ei ole mingisugust kurjust, vaid üksnes headus ja armastus, ei vihka te seal kedagi, ei ole kellegi peale vihane ja teie emotsioonid ei kee üle. Seega, teil ei tule end talitseda ega tundeid vaka all hoida. Muidugi ei pea Jumal mitte milleski kannatlik olema, sest Ta on armastus ise. Piiblis öeldakse, et „armastus on pika meelega", sest me oleme inimesed ja seega meil on hing, mõtted ja mõttemallid. Jumal tahab inimesi aidata, et nad aru saaksid. Mida rohkem te kurjast vabanenud olete ja heaks saanud, seda vähem te kannatlikkust vajate.

Kannatlikkuse abil vaenlasest sõbra saamine

Abraham Lincoln, Ameerika Ühendriikide kuueteistkümnes President ja Edwin Stanton ei saanud advokaatidena töötades hästi läbi. Stanton oli rikkast perekonnast ja hea haridusega. Lincolni isa oli vaene kingsepp ja ei lõpetanud isegi algkooli. Stanton pilkas Lincolni kalkide sõnadega. Aga Lincoln ei vihastunud kunagi ja ei vastanud talle kunagi vaenulikult.

Pärast seda, kui Lincoln valiti Presidendiks, määras ta Stantoni Sõjaministriks, mis oli valitsuskabineti üks tähtsamaid ametikohti. Lincoln teadis, et Stanton oli selleks õige inimene. Hiljem, kui Lincolni tulistati Fordi teatris, jooksid paljud elu eest. Aga Stanton jooksis otse Lincolni poole. Ta hoidis Lincolni oma käte vahel ja ütles pisarsilmil: „Siin on maailma kõige suurepärasem inimene. Ta on parim juht, kes on kogu ajaloo jooksul olnud."

Vaimse armastuse kannatlikkus võib teha imet ja vaenlastest võivad saada meie sõbrad. Matteuse 5:45 öeldakse: „ ...*et te saaksite oma taevase Isa lasteks – Tema laseb ju oma päikest tõusta kurjade ja heade üle ning vihma sadada õigete ja ülekohtuste peale!*"

Jumal on kannatlik ka kurja tegijatega ja tahab, et nad ühel päeval muutuksid. Kui kurja inimest kurjaga kohelda, tähendab see, et meiegi oleme kurjad, aga kui me oleme kannatlikud ja armastame neid, vaadates meile tasuva Jumala peale, saame me hiljem ilusa taevase eluaseme (Laul 37:8-9).

2. Armastus hellitab

Aisopose valmide seas on lugu päikesest ja tuulest. Ühel päeval vedasid päike ja tuul kihla, kes suudab esimesena mööduja mantli seljast võtta. Tuule kord oli esimesena. Ta ajas end võidukalt puhevile ja saatis puu mahalükkamiseks piisavalt tuleva tuuleiili. Mees tõmbas mantli veelgi rohkem enesele ümber. Järgmisena naeratas päike ja tõi leebelt lagedale sooja päiksepaiste. Mees tundis soojuse saabudes palavust ja võttis varsti mantli seljast. Selles loos sisaldub väga hea õppetund. Tuul püüdis mehelt mantlit võtta, aga päike pani mehe mantli vabatahtlikult ära võtma. Lahkus on selle sarnane. Lahkus ei puuduta teiste südant ja ei võida neid füüsilise jõu abil, vaid headuse ja armastusega.

Lahkus aktsepteerib igasuguseid inimesi

Lahke inimene aktsepteerib igaüht ja paljud võivad tema lähedal kergendust tunda. Sõnaraamatus määratletakse lahkust „lahkuse omaduse või lahke olemisena" ja lahke inimene on kannatliku iseloomuga. Lahkust saab paremini mõista vatitupsule mõeldes. Vatitups ei tee häält ka siis, kui seda muude esemetega lüüa. See lihtsalt võtab kõik muud esemed enesesse.

Samuti on lahke inimene nagu puu, mille varjus paljud võivad puhata. Kui palaval suvepäeval lõõmava päikesepaiste eest varju otsides suure puu alla minna, võib tunda end palju paremini ja jahedamalt. Samamoodi, kui inimesel on lahke süda, tahavad paljud ta lähedal viibida ja kergendust tunda.

Tavaliselt, kui inimene on nii lahke ja tasane, et ta ei vihastu kellegi peale, kes talle tüli tekitab ja ei rõhuta oma arvamusi, peetakse teda tasaseks ja lahke südamega inimeseks. Aga hoolimata sellest, kui leebe ja tasane ta ka ei oleks, kui Jumal ei tunnusta taolist headust, ei saa seda inimest tõeliselt tasaseks pidada. On inimesi, kes on teistele väga sõnakuulelikud lihtsalt seetõttu, et neil on nõrk ja konservatiivne iseloom. On teisi, kes suruvad oma viha alla, kuigi nad ärrituvad, kui teised neile raskusi valmistavad. Aga neid ei saa lahkeks pidada. Inimesed, kelles pole kurja ja kelle südames on vaid armastus, aktsepteerivad ja taluvad kurjasid inimesi vaimse tasadusega.

Jumal soovib vaimset lahkust

Vaimne lahkus tuleb vaimse armastuse täiusest, kus ei ole mingit kurjust. Niisuguse vaimse lahkusega ei lähe te kellegi vastu, vaid aktsepteerite teda, hoolimata sellest, kui alatu ta ka poleks. Samuti olete te vastupidav, sest te olete tark. Aga meil tuleb meeles pidada, et meid ei saa lahkeks pidada vaid seetõttu, et me mõistame teisi tingimusteta ja andestame neile ja oleme igaühe vastu leebed. Meis peab olema ka õigsus, väärikus ja meelevald, et me suudaksime teisi juhatada ja mõjutada. Seega, vaimselt lahke inimene ei ole vaid tasane, ent ka tark ja õiglane. Niisugune inimene elab eeskujulikku elu. Vaimne lahkus tähendab veelgi otsesemalt, et inimsüdames on tasadus ja ta on ka väliselt vooruslikult helde.

Isegi kui meil on lahke süda, kus ei ole mingit kurjust, vaid üksnes headus, kui meil on vaid sisemine tasadus, ei piisa vaid sellest, et teisi aktsepteerida ja neile positiivset mõju avaldada. Seega, kui meil ei ole vaid sisemine lahkus, aga me oleme ka väliselt vooruslikult suuremeelsed, võib meie lahkus täiuslikuks muutuda ja me demonstreerime suuremat väge. Kui meil on suuremeelsus ja lahke süda, võime me paljude südame võita ja palju rohkem saavutada.

Inimene võib teistele tõelist armastust osutada siis, kui ta südames on headus ja lahkus, kaastunde täius ja vooruslik suuremeelsus, mis teeb ta suuteliseks teisi õiget teed pidi juhatama. Siis võib ta viia palju hingi päästeteele, mis on õige tee. Sisemine lahkus ei saa ilma välise vooruskliku suuremeelsuseta välja paista. Vaatame nüüd esiteks, mida meil tuleks sisemise lahkuse arendamiseks teha.

Sisemise lahkuse mõõdupuuks on pühitsus

Lahkuse saamiseks tuleb meil esiteks südames olevast kurjusest vabaneda ja pühitsusele jõuda. Lahke süda on nagu vatt ja isegi kui keegi käitub agressiivselt, ei tee see mingit heli, vaid üksnes embab toda inimest. Lahke südamega inimeses ei ole mingisugust kurjust ega konflikte kaasinimestega. Aga kui meil on äge süda, kus on vihkamist, armukadedust ja kadedust või paadunud süda, kus on eneseõigsus ja allumatud egoistlikud mõttemallid, on meil raske teisi aktsepteerida.

Kui kivi kukub ja lööb teist kõva kivi või tihedat metalleset, teeb see häält ja põrkub eemale. Samamoodi, kui meie lihalik minaolemus on ikka elav, näitame me teistele oma ebamugavustunnet ka siis, kui teised tekitasid meile vaid veidike ebamugavust. Kui inimesi tuntakse nende iseloomupuuduste ja teiste vigade alusel, ei pruugi me neid katta, kaitsta ega mõista, vaid selle asemel võime me nende üle kohut mõista, neid hukka mõista, keelt peksta ja neid laimata. Siis tähendab see, et me sarnaneme väikesele astjale, mis ajab üle, kui sinna midagi sisse panna püüda. Väiklane süda on täis väga palju räpast ja selles ei ole enam millegi muu vastu võtmiseks ruumi. Näiteks, me võime solvuda, kui teised osutavad meie vigadele. Või kui me näeme teisi sosistamas, võime me arvata, et nad räägivad meist ja mõtelda, mida nad räägivad. Me võime teiste üle isegi kohut mõista, kuna nad vaatavad meid üürikest aega.

Kurjuseta süda on lahkuse arendamise pohitingimus, sest kui seal ei ole kurjust, võime me teisi oma südames kalliks pidada ja näha neid headuse ja armastusega. Lahke inimene näeb teisi kogu aeg halastuse ja kaastundega. Tal ei ole vähimatki kavatsust teiste üle kohut mõista ega neid hukka mõista; ta püüab teisi lihtsalt armastuse ja headuse kaudu mõista ja ta soojus sulatab ka kurjade inimeste südame.

Eriti tähtis on see, et need, kes teisi õpetavad ja juhatavad, oleksid pühitsetud. Nad kasutavad oma lihalikke mõtteid eneses oleva kurjusega võrdväärselt. Nad ei suuda samaväärselt karja olukordi õieti eristada ja on seetõttu võimetud hingesid rohelistele aasadele ja vaiksetele vetele juhatama. Me saame Püha Vaimu juhatust ja mõistame karja olukordi õieti, et neid kõige paremini juhatada vaid siis, kui me oleme täiesti pühitsetud. Ka Jumal võib tunnustada täiesti ainult neid, kes on täiesti pühitsetud ja tõesti lahked. Eri inimestel on lahkete inimeste jaoks eri mõõdupuud. Aga inimeste ja Jumala arvamus lahkusest erinevad.

Jumal tunnustas Moosese lahkust

Jumal tunnustas Piiblis Moosese lahkust. Me võime 4. Moosese raamatu 12. peatükist aru saada, kui tähtis on Jumala tunnustus. Moosese vend Aaron ja õde Mirjam kritiseerisid Moosest etiooplannaga abiellumise tõttu. 4. Moosese raamatus 12:2 nenditakse: *„Ja nad ütlesid: 'Kas Isand räägib ainult Moosese läbi? Eks Ta räägi ka meie läbi?' Ja Isand kuulis seda."* Mida Jumal ütles nende sõnade peale? *„Temaga ma räägin suust suhu, ilmsi, mitte nägemuste ja mõistatuste läbi. Ja tema võib vaadata Issanda kuju. Mispärast te siis ei ole kartnud rääkida vastu mu sulasele Moosesele?"* (4. Moosese raamat 12:8).

Aaroni ja Mirjami kohutmõistvad kommentaarid Moosese aadressil ajasid Jumala maruvihaseks. Mirjam muutus selle tõttu pidalitõbiseks. Aaron oli nagu Moosese eesträäkija ja Mirjam oli samuti üks koguduse juhtidest. Nad arvasid, et Jumal armastas ja tunnustas neid samamoodi ja kritiseerisid Moosest kohe, kui nad arvasid, et ta tegi midagi valesti.

Jumal ei aktsepteerinud Aaroni ja Mirjami hukkamõistu ja oma mõõdupuu alusel Moosese vastu rääkimist. Missugune inimene oli Mooses? Jumal tunnustas teda ja pidas teda kogu maa peal kõige alandlikumaks ja tasasemaks inimeseks. Ta oli samuti ustav kogu Jumala koja üle ja selle eest Jumal usaldas teda nii palju, et ta võis isegi Jumalaga otse rääkida.

Kui me vaatame Egiptusest pagevate ja Kaananimaale minevate iisraellaste minekut, võime me mõista, miks Jumal tunnustas Moosest nii palju. Egiptusest välja tulevad inimesed tegid pidevalt pattu ja läksid Jumala tahtele vastu. Nad nurisesid Moosese üle ja süüdistasid teda igas väikeses raskuses ja see oli sama, mis Jumala vastu nurisemine. Iga kord, kui nad kaebasid, palus Mooses Jumalalt halastust.

Üks juhtum näitas eredalt Moosese lahkust. Kui Mooses oli Siinai mäel, kus ta sai kümme käsku, valmistasid inimesed ebajumala – kuldvasika – ja nad sõid, jõid ja naudisklesid pillavalt seda kummardades. Egiptlased kummardasid jumalaid nagu pulli ja lehma ja nad matkisid taolisi jumalaid. Jumal oli nii palju kordi näidanud, et Ta oli nendega, aga nad ei näidanud mingit jälge muutusest. Lõpuks tabas neid Jumala viha. Aga sel hetkel tegi Mooses nende eest palvet ja pakkus oma elu vastutasuks: *„Kui sa nüüd siiski annaksid andeks nende patu! Aga kui mitte, siis kustuta mind oma raamatust, mille oled kirjutanud!"* (2. Moosese raamat 32:32).

„Sinu raamat, mille oled kirjutanud" tähistab eluraamatut, kuhu on kirja pandud päästetute nimed. Kui teie nimi kustutatakse eluraamatust, ei saa te pääseda. See ei tähenda vaid, et te ei pääse, aga see tähendab ka, et te peate igavesti põrgus kannatama. Mooses teadis surmajärgse elu kohta väga hästi, aga ta tahtis päästa inimesi isegi siis, kui ta oleks pidanud oma pääsemisest nende heaks loobuma. Taoline Moosese süda sarnanes väga mitte kedagi hukkumas näha sooviva Jumala südamele.

Mooses arendas lahkust katsumuste kaudu

Muidugi ei olnud Moosesel algusest peale niisugust lahkust. Kuigi ta oli heebrealane, kasvas ta Egiptuse vaarao tütre pojana ja tal ei olnud millestki puudust. Ta sai kõige kõrgema klassi hariduse ja õppis tundma Egiptuse tarkusi ja võitluskunste. Ta oli uhke ja täis eneseõigust. Ühel päeval nägi ta, kuidas egiptlane peksis heebrealast ja tappis oma eneseõigusest lähtudes selle egiptlase. Selletõttu sai temast üleöö põgenik. Õnneks sai temast Midjani preestri abil kõrbes karjane, aga ta kaotas kõik. Egiptlaste silmis oli karjatsemine väga madalatasemeline töö. Ta pidi nelikümmend aastat tegema tööd, mida ta varem põlgas. Vahepeal ta alandus täielikult ja mõistis palju Jumala armastuse ja elu kohta.

Jumal ei kutsunud Egiptuse valitsejat Moosest Iisraeli rahva juhiks. Jumal kutsus Moosese karjuseks, kes alandus palju kordi isegi Jumala kutse all olles. Ta alandus täiesti ja vabanes katsumuste kaudu kogu oma südames olevast kurjusest ja sellepärast suutis ta enam kui 600 000 inimest Egiptusest välja, Kaananimaale viia.

Seega, lahkuse arendamise juures on tähtis arendada headust ja armastust, alandudes Jumala käe alla katsumustes, millest meil läbi minna lastakse. Meie alandlikkuse määr teeb ka meie lahkuse määra erinevaks. Kui me oleme rahul oma praeguse olukorraga ja arvame, et me oleme tõde mingil määral arendanud ja teised tunnustavad meid, nii nagu oli lugu Aaroni ja Mirjamiga, muutume me üksnes veelgi kõrgimaks.

Vooruslik suuremeelsus täiustab vaimset lahkust

Vaimse lahkuse kasvatamiseks ei pea me üksnes igasugusest kurjusest vabanemise kaudu pühitsetud olema, vaid meil tuleb ka vooruslikku suuremeelsust arendada. Vooruslik suuremeelsus tähendab, et me saame teistest igati aru ja aktsepteerime neid õiglaselt, et me teeme õieti inimlike kohustuste kohaselt ja see tähendab, et meil on iseloom, mis laseb teistel alluda ja oma südant alluLada, sest me mõistame nende puudujääke ja aktsepteerime neid ja ei kasuta füüsilist jõudu. Niisugustel inimestel on armastus ja nad sisendavad teistesse kindlust ja usaldust.

Vooruslik suuremeelsus sarnaneb riietele, mida inimesed kannavad. Hoolimata sellest, kui head me sisimas oleme, kui me oleme alasti, vaatavad teised meile ülalt alla. Samamoodi, hoolimata sellest, kui lahked me oleme, me ei saa tegelikult oma lahkuse väärtust ilma niisuguse vooruslikku suuremeelsuseta näidata. Näiteks, keegi inimene on oma sisimas lahke, aga ta räägib teistega vesteldes palju ebavajalikku. Niisugusel inimesel ei ole seda tehes kurje kavatsusi, aga ta ei pälvi tõeliselt teiste usaldust, sest ta ei tundu kohaste maneeridega ega haritud. Mõnedel ei ole negatiivseid tundeid, sest nad on lahked inimesed ja nad ei tee teistele halba. Aga kui nad ei aita teisi aktiivselt ega hooli nendest peenetundelisel, on neil raske paljude südant võita.

Lilled, millel ei ole ilusaid värve ega head lõhna, ei suuda mesilasi ega liblikaid ligi meelitada ka siis, kui neil on palju nektarit. Samamoodi, isegi kui me oleme väga lahked ja pöörame teise põse ette, kui keegi meid põsele lööb, ei saa meie lahkus tõeliselt välja paista, kui meie sõnades ja tegudes puudub vooruslik suuremeelsus. Tõeline lahkus saavutatakse ja selle tõelist väärtust saab näha alles siis, kui sisemine lahkus on rüütatud voorusliku suuremeelsuse välisesse rüüsse.

Joosepil oli taoline vooruslik suuremeelsus. Ta oli kogu Iisraeli isa Jaakobi üheteistkümnes poeg. Vennad vihkasid teda ja müüsid ta noorest peast Egiptusesse orjaks. Aga Jumala abiga sai ta kolmekümne aastaselt Egiptuse peaministriks. Sel ajal oli Egiptus väga tugev riik Niiluse keskosa kaldal. See oli üks neljast peamisest „tsivilisatsiooni hällist." Selle valitsejad ja rahvas tundsid endi üle suurt uhkust ja välismaalasel ei olnud üldsegi kerge peaministriks saada. Kui temast oleks mingit viga leitud, oleks ta pidanud otsekohe oma positsioonist loobuma.

Aga isegi sellises olukorras valitses Joosep Egiptust väga hästi ja väga targalt. Ta oli lahke ja alandlik ja ta sõnad ning teod olid veatud. Tal oli ka valitsejana tarkust ja väärikust. Tal oli võim, mis jäi vaid vaarao omale alla, aga ta ei proovinud inimesi omale allutada ega uhkeldada. Ta suhtus enesesse rangelt, aga oli teiste vastu suuremeelne ja leebe. Sellepärast ei pidanud vaarao ja teised ülemad aukandjad end tema suhtes vaos hoidma ega ettevaatlikud olema ega teda kadestama, nad usaldasid teda täielikult. Me võime sellest järeldada, kui soojalt egiptlased tervitasid Joosepi Kaananimaalt näljahäda eest pagemiseks Egiptusesse kolinud perekonda.

Joosepi lahkusega kaasnes vooruslik suuremeelsus

Kui inimesel on niisugune vooruslik suuremeelsus, tähendab see, et tal on tolerantne süda ja ta ei mõista teiste üle oma mõõdupuu alusel kohut ega tauni neid isegi siis, kui ta on oma sõnades ja tegudes õiglane. Niisugune Joosepi iseloom tuli hästi esile, kui ta vennad, kes olid ta Egiptusesse orjaks müünud, tulid Egiptusesse toitu saama.

Esiteks ei tundnud vennad Joosepit ära. See on üsna mõistetav, sest nad ei olnud teda üle kahekümne aasta näinud. Lisaks ei oleks nad suutnud ette kujutada, et Joosepist sai Egiptuse asevalitseja. Aga kuidas tundis end Joosep, kui ta nägi oma vendi, kes teda peaaegu tapsid ja müüsid ta lõpuks Egiptusesse orjaks? Tal oli võim, et panna neid oma patu eest maksma. Aga Joosep ei tahtnud kätte maksta. Ta varjas oma isikut ja katsus neid paar korda labi, et näha, kas nende süda oli samasugune nagu varem.

Joosep andis neile tegelikult Jumala ees ise pattudest meeleparanduse võimaluse, sest oma venna tapmiseplaan ja tema teisele maale orjaks müümine ei olnud väike asi. Ta ei andestanud neile lihtsalt suvaliselt ega karistanud neid, aga ta suunas olukordi niimoodi, et ta vennad võisid oma pattudest ise meelt parandada. Lõpuks Joosep avalikustas oma isiku, tehes seda alles pärast seda, kui ta vennad mäletasid oma viga ja kahetsesid seda.

Sel hetkel tundsid tema vennad hirmu. Nende elu sõltus vennast Joosepist, kellest oli saanud tolle aja maailma tugevaima riigi – Egiptuse – peaminister. Aga Joosep ei soovinud neilt pärida, mis nad talle niimoodi tegid. Ta ei ähvardanud neid, öeldes: „Nüüd te tasute oma pattude eest." Aga selle asemel püüdis ta neid lohutada ja maha rahustada. *„Aga nüüd ärge kurvastage ja ärgu süttigu teil isekeskis viha, et müüsite mind siia, sest teie elu säilitamiseks läkitas Jumal mind eele"* (1. Moosese raamat 45:5).

Ta tunnistas, et kõik oli Jumala plaani kohaselt läinud. Joosep ei andestanud vaid oma vendadele kogu südamest, aga ta ka lohutas neid liigutavate sõnadega, neist täiesti aru saades. See tähendab, et Joosep näitas oma teoga, mis suutis liigutada isegi tema vaenlasi, välis vooruslikku suuremeelsust. Joosepi lahkus ja tema vooruslik suuremeelsus olid jõuallikaks, mis päästsid väga palju elusid Egiptuses ja selle väliselt ja mille alusel sai teostuda Jumala hämmastav plaan. Nii nagu varem selgitatud, vooruslik suuremeelsus on sisemise lahkuse väline väljendusvorm ja vüib paljude südame võita ja suurt väge ilmutada.

Voorusliku suuremeelsuse jaoks on vaja pühitsust

Nii nagu sisemist headust saab pühitsuse teel saavutada, saab ka vooruslikku suuremeelsust arendada kurjast loobumise ja pühitsusele jõudmise teel. Muidugi, isegi kui inimene ei ole pühitsusele jõudnud, võib ta mingil määral hariduse või suuremeelse südamega sündimise tõttu vooruslikkust ja suuremeelseid tegusid demonstreerida. Aga tõeline vooruslik suuremeelsus võib tulla vaid kurjast vabast südamest, mis järgib üksnes tõde. Kui me tahame vooruslikku suuremeelsust täielikult arendada, ei piisa vaid südamest peamiste kurja juurte välja tõmbamisest. Meil tuleb välja tõmmata ka kõik, mis kurjaga kuidagi seotud on (1. Tessaloonlastele 5:22).

Matteuse 5:48 öeldakse: *„Teie olge siis täiuslikud, nõnda nagu teie taevane Isa on täiuslik!"* Kui me oleme oma südames igasugusest kurjusest vabanenud ja ka oma sõnades, tegudes ja käitumise poolest laitmatuks saanud, võime me arendada lahkust, et paljud võiksid meie juures omale puhkepaiga leida. Sellepärast ei või me rahulduda, kui me jõuame lõpuks tasemele, kus me oleme vabanenud kurjusest nagu vihkamisest, kadedusest, armukadedusest, kõrkusest ja keevalisusest. Me peame eemaldama ka isegi väikesed ihulikud väärteod ja demonstreerima Jumala Sõna, tuliste palvete ja Püha Vaimu juhatuse abil tõeseid tegusid.

Millised on ihulikud väärteod? Roomlastele 8:13 öeldakse: *"Sest kui te oma loomuse järgi elate, siis te surete; kui te aga Vaimu abil ihu teod suretate, siis te elate."*

Ihu ei tähista siin lihtsalt meie füüsilist ihu. Ihu tähistab vaimselt inimihu pärast sellest tõe välja voolata laskmist. Seega, ihu teod tähistavad tegusid, mis tulevad väärusest, mis on lihalikuks muutunud inimkonda täitnud. Ihu tegude hulka ei kuulu vaid ilmsed patud, aga ka igasugused ebatäielikud teod või tegevused.

Mul oli minevikus omapärane kogemus. Kui ma puudutasin mingit eset, tundsin ma otsekui elektrilööki ja tõmblesin alati peale seda. Ma kartsin midagi puudutada. Loomulikult, kui ma puudutasin midagi pärast seda, hüüdsin ma palvemeeles Isandat appi. Mul ei olnud niisugust tunnet, kui ma esemeid väga ettevaatlikult puudutasin. Kui ma ukse avasin, hoidsin ma ukse käepidet väga õrnalt. Ma pidin olema väga ettevaatlik, isegi kui ma koguduseliikmete kätt surusin. Niisugune ilming püsis mitu kuud ja kogu mu käitumine muutus väga ettevaatlikuks ja leebeks. Hiljem sain ma aru, et Jumal muutis mu ihu teod taoliste kogemuste abil täiuslikuks.

Seda võib tühiseks pidada, aga inimese käitumine on väga tähtis. Mõned inimesed on kombekohaselt teistega füüsilises kontaktis, kui nad kõrvalseisjatega naeravad või räägivad. Mõnel on väga vali hääl, hoolimata ajast ja kohast ja nad tekitavad teistele ebamugavust. Taoline käitumine ei ole mingi suur viga, aga tegu on ikkagi ihu väärtegudega. Voorusliku suuremeelsusega inimesed käituvad oma argielus õieti ja paljud tahavad nende juures hingata.

Muutke oma südame loomust

Järgmisena tuleb meil voorusliku suuremeelsuse saamiseks arendada oma südame loomust. Südame loomus tähistab südame suurust. Vastavalt inimese südame loomusele, mõned teevad rohkem kui neilt eeldatakse, aga teised teevad vaid neile määratut või mingil määral, jäädes sellest tasemest allapoole. Voorusliku suuremeelsusega inimesel on südame loomus, mis on suur ja avar, seega ta ei hoolitse vaid oma asjade eest, vaid ka selle eest, mis teisi puudutab.

Filiplastele 2:4 öeldakse: *"Nii et ükski ei pea silmas mitte ainult oma, vaid ka teiste kasu."* Niisugune südame loomus võib erineda vastavalt sellele, kui laialdaselt me oma südant igas olukorras avardame, seega me võime seda pideva pingutusega muuta. Kui me taotleme kannatamatult vaid omakasu, peaksime me üksikasjalikult palvetama ja oma kitsarinnalist meelt avardama teiste kasu ja seisunditega esiteks arvestavaks meeleks.

Joosep kasvas nagu kasvuhoonetaim või lill, kuniks ta müüdi Egiptusesse orjaks. Ta ei suutnud igasuguse koduse toimetuse eest hoolt kanda ega isa poolt mitte armastatud vendade südant ja olusid hinnata. Aga erinevate katsumuste kaudu sai ta südame, mis vaatles ja sai hakkama kogu teda ümbritseva haldamisega ja ta õppis teiste südamega arvestama.

Jumal avardas Joosepi südant, valmistades teda ette ajaks, mil Joosepist sai Egiptuse peaminister. Kui me saavutame niisuguse südameloomuse ja meil on lahke veatu süda, võime ka meie suurt organisatsiooni hallata ja selle eest hoolt kanda. See on voorus, mis peab juhil olema.

Lahkete inimeste õnnistused

Missugused õnnistused saavad need, kes on muutunud täiesti lahkeks oma südames olevast kurjusest vabanemise ja välise voorusliku suuremeelsuse arendamise kaudu? Nii nagu öeldakse Matteuse 5:5: *„Õndsad on tasased, sest nemad pärivad maa"* ja Laulus 37:11: *„Ent alandlikud pärivad maa ja tunnevad rõõmu suurest rahust,"* võivad nad maa pärida. Maa sümboliseerib siin taevariigi eluaset ja maa pärimine tähendab „tulevikus Taevas suure väe kogemist."

Miks nad kogevad Taevas suurt meelevalda? Lahke inimene tugevdab Isa Jumala südamega teisi hingi ja liigutab nende südant. Mida tasasemaks inimene muutub, seda enam hingi leiab tema juures hingamise ja ta saab nad pääsemisele juhatada. Kui me saame suureks inimesks, kelle juures paljud leiavad hingamise, tähendab see, et me oleme teisi suurel määral teeninud. Taevane meelevald antakse neile, kes teenivad. Matteuse 23:11 öeldakse: *„Aga suurim teie seast olgu teie teenija!"*

Selle kohaselt saab tasane inimene Taevasse jõudes kogeda suurt väge ja pärida oma eluasemeks avara laia maa. Isegi maa peal viibides järgivad paljud neid, kellel on suur vägi, rikkus, kuulsus ja meelevald. Aga kui nad kaotavad kogu oma vara, kaotavad nad suurema osa oma meelevallast ja paljud neid seni järginud ei järgi neid enam. Lahke inimese vaimne meelevald erineb selle maailma omast. See ei kao ega muutu. Selle maa peal on tal kõiges edu, nii nagu tema hinge lugu on hea. Aga Jumal armastab teda igavesti väga palju ka Taevas ja arvukad hinged austavad teda.

3. Armastus ei ole kade

Mõned suurepärased õpilased korrastavad ja koguvad märkmeid, kus on varasemates testides valesti vastatud küsimuste vastused. Nad uurivad, miks nad ei vastanud nendele küsimustele õieti ja saavad enne edasiliikumist teemast põhjalikult aru. Nad ütlevad, et taoline meetod on lühikese aja jooksul raskena tunduva aine omandamisel väga efektiivne. Sama meetodit saab vaimse armastuse kasvatamisel kasutada. Kui me uurime üksikasjalikult oma tegusid ja sõnu ja vabaneme ühekaupa igast oma puudujäägist, võime me vaimse armastuse lühema aja jooksul saavutada. Vaatleme vaimse armastuse järgmist omadust — „armastus ei ole kade."

Kadedus esineb siis, kui kadeda kibeduse ja ebaõnne tunne kasvab liigselt ja teise vastu tehakse kurja. Kui meie meeles on armukadedus ja kadedustunne, tunneme me kellegi kiitmist või soosingut nähes vimma. Kui me arvame, et see inimene on meist targem, rikkam ja pädevam või kui keegi meie kolleegidest saab rikkaks või on teistest rohkem soositud, võime me kadedust tunda. Vahel võime me seda inimest vihata ja soovida temalt kõik, mis tal on, välja petta ja teda porisse trampida.

Teisest küljest võime me kaotada julguse ja mõtelda: „Teised soosivad teda nii palju, aga kuidas on lood minuga? Ma olen cikeegi!" Teiste sõnadega, me tunneme end aralt, sest me võrdleme end teistega. Mõni ei pruugi julgusekaotust armukadeduseks pidada. Aga armastus rõõmustab tõega. Teiste sõnadega, kui meil on tõeline armastus, tunneme me teise inimese edu üle rõõmu. Kui me oleme heitunud ja noomime end või ei rõõmusta tõega, on meie minaolemus või „ego" veel aktiivne. Kuna meie „minaolemus" on aktiivne, saab meie uhkus haiget, kui me tunneme, et me oleme teistest vähem väärt.

Kui kade mõtlemine suureneb ja tuleb siis esile kurjade sõnade ja tegude näol, on tegu armukadedusega, millest Armastuse peatükk räägib. Kui kadedus muutub tõsiseks, võidakse teistele isegi kahju teha või neid tappa. Armukadedus on kurja räpase südame väline ilming ja seega on kadedatel inimestel raske pääsemist vastu võtta (Galaatlastele 5:19-21). See on nii, kuna kadedus on ilmne liha tegu, mis on nähtav väliselt sooritatud patt. Kadedust võib liigitada mitmesse rühma.

Armukadedus romantilises suhtes

Armukadedust provotseeritakse tegudeks, kui suhtes olev isik soovib teiselt saada enam armastust ja soosingut, kui ta saab. Näiteks, Jaakobi kaks naist Lea ja Raahel olid teineteise peale armukadedad ja soovisid Jaakobi suuremat soosingut. Lea ja Raahel olid õed, mõlemad olid Jaakobi onu Laabani tütred.

Jaakob abiellus Leaga oma onu Laabani pettuse tõttu, kes ei hoolinud tema soovist. Jaakob armastas tegelikult Lea nooremat õde Raahelit ja sai ta oma naiseks pärast seda, kui ta oli oma onu 14 aastat teeninud. Jaakob armastas Raahelit rohkem kui Lead. Aga Lea sünnitas neli last, kuna aga Raahel ei suutnud üldsegi lapsi sünnitada.

Sel ajal oli häbiväärne, kui naine oli lastetu ja Raahel tundis oma õde Lea peale pidevalt armukadedust. Ta oli nii pimestatud armukadedusest, et ta tegi ka oma abikaasa Jaakobi elu raskeks.

"Muretse mulle lapsi, muidu ma suren!" (1. Moosese raamat 30:1).

Nii Raahel kui Lea andsid oma teenija Jaakobi liignaiseks, et üksnes tema armastuse osaliseks saada. Kui nende südames oleks veidigi tõelist armastust olnud, oleksid nad tundnud rõõmu selle üle, et abikaasa eelistas neist teist enam. Armukadedus tegi nad kõik – Lea, Raaheli ja Jaakobi – õnnetuks. Lisaks mõjutas see ka nende lapsi.

Kadedus, kui teised on õnnelikumates oludes

Igaühe kadedus erineb igaühe elu väärtuste kohaselt. Aga tavaliselt, kui keegi on rikkam, targem või meist pädevam või kui kedagi eelistatakse või armastatakse enam, võime me armukadedust tunda. Ei ole raske leida end kadedust tekitavates olukordades koolis, tööl ja kodus, kui armukadedus tuleb tundest, et keegi on meist edukam. Kui meie eakaaslane liigub edasi ja on meist rikkam, võime me teda vihata ja laimata. Me võime arvata, et me peame teised mutta tallama, et neist rikkam ja eelistatum olla.

Näiteks, mõned avalikustavad tööl teiste vigu ja puudujääke ja põhjustavad nende suhtes ebaõiglasi kahtlusi ja neist kõrgemal pool olijate põhjalikku uurimist, sest nad tahavad oma ettevõttes edutatud saada. Noored õpilasedki ei ole erandiks. Mõned õpilased tekitavad akadeemiliselt väljapaistvate tulemustega õpilastele raskusi või türanniseerivad õpetaja poolt soositud õpilasi. Kodus lapsed laimavad oma vendi ja õdesid ja tülitsevad nendega, et pälvida suuremat vanemate tunnustust ja soosingut. Teised teevad seda, sest nad tahavad vanematelt rohkem vara saada.

Nii juhtus inimajaloo esimese tapja Kainiga. Jumal võttis vastu ainult Aabeli ohvrianni. Kain tundis halvakspanu ja kuna armukadedus kees temas üha enam, tappis ta lõpuks oma venna Aabeli. Tõenäoliselt rääkisid ta vanemad, Aadam ja Eeva, korduvalt loomade vereohvri toomisest ja ta pidi seda väga hästi teadma. *„Moosese Seaduse järgi puhastatakse peaaegu kõik asjad vere kaudu, ja ilma vere valamiseta ei ole andeksandmist"* (Heebrealastele 9:22). Sellegipoolest tõi ta ohvriks lihtsalt oma kasvatatudd põlluvilja. Aga Aabel tõi oma südamest Jumala tahte kohaselt ohvriks oma esmasündinud lamba. Mõned võivad arvata, et Aabelil ei olnud raske lammast ohverdada, sest ta oli karjane, aga küsimus ei olnud selles. Ta sai oma vanemate käest Jumala tahte teada ja tahtis Tema tahte kohaselt teha. Sellepärast võttis Jumal vaid Aabeli ohvri vastu. Kain tundis venna peale kadedust, selle asemel, et oma vea üle kahetsust tunda. Kui ta kadedus süttis, ei saanud seda enam kustutada ja lõpuks ta tappis oma venna Aabeli. See pidi Aadamale ja Eevale väga suurt valu valmistama!

Usuvendade vaheline kadedus

Mõned usklikud on teise neist kõrgemal oleva, kõrgema positsiooni, suurema usu või ustavusega usuvenna või -õe peale kadedad. Taoline nähtus esineb tavaliselt siis, kui teine sarnaneb neile vanuse, positsiooni ja usklik olemise aja poolest või kui nad tunnevad teist inimest hästi.

Nii nagu Matteuse 19:30 öeldakse: *„Aga paljud esimesed jäävad viimasteks ja viimased saavad esimesteks,"* vahel võivad meist usus oleku aastate, vanuse ja koguduse positsiooni poolest madalamal olijad meist ette liikuda. Siis võime me nende vastu tugevat armukadedust tunda. Taoline armukadedus ei esine vaid sama koguduse usklike vahel. See võib esineda pastorite ja koguduseliikmete, koguduste või isegi erinevate kristlike organisatsioonide vahel. Kui inimene austab Jumalat, peaksid kõik koos rõõmustama, aga selle asemel nad hoopis laimavad teisi ja kutsuvad neid ketserlikeks, püüdes teiste inimeste või organisatsioonide nime maha tõmmata. Kuidas tunnevad end vanemad, kui nende lapsed tülitsevad ja vihkavad üksteist? Isegi kui lapsed annaksid vanematele oma toidu ja head asjad, ei valmistaks see ikkagi vanematele head meelt. Ja kui usklikud, kes on sama Jumala lapsed, võitlevad ja tülitsevad üksteisega või kui koguduste vahel esineb kadedust, põhjustab see ainult Isandale suuremat kurvastust.

Sauli kadedus Taaveti vastu

Saul oli Iisraeli esimene kuningas. Ta raiskas oma elu, olles Taaveti peale kade. Sauli jaoks oli Taavet nagu säravas raudrüüs rüütel, kes päästis tema maa. Kui sõdurite moraal langes vilistide Koljati hirmutamise tõttu ja muutus olematuks, tõusis Taavet nagu meteoor ja lõi vilistide esivõitleja ainsa linguheitega maha. See tegu tõi Iisraelile võidu. Sellest ajast peale täitis Taavet palju kiiduväärseid ülesandeid oma maad vilistide rünnakute eest valvates. Sellest hetkest sai alguse Sauli ja Taaveti vaheline probleem. Saul kuulis lahinguväljalt võiduga naasvat Taavetit tervitanud rahvahulgalt midagi väga häirivat. Nad ütlesid: *„Saul lõi maha oma tuhat, aga Taavet oma kümme tuhat!"* (1. Saamueli 18:7).

Saul tundis suurt ebamugavust ja mõtles: *„Kuidas nad saavad mind Taavetiga võrrelda? Ta on üksnes karjasepoiss!"*

Tema viha kasvas, kui ta mõtiskles tolle märkuse üle. Ta ei pidanud õigeks, et inimesed kiitsid Taavetit nii palju ja sellest ajast saadik tundus Taaveti tegevus talle kahtlane. Saul arvas tõenäoliselt, et Taavet tegutses inimsüdamete äraostmiseks. Aga Sauli vihanool oli suunatud Taavetile. Ta mõtles: „Kui Taavet võitis juba inimeste südamed, on vastuhakk vaid aja küsimus!"

Sauli mõtted muutusid üha liialdatumaks ja ta otsis Taaveti tapmisvõimalust. Teatud ajal kannatas Saul kurjade vaimude tõttu ja Taavet mängis talle harfi. Saul kasutas võimalust ja viskas teda oma odaga. Õnneks Taavet ei saanud pihta ja pääses minema. Aga Saul ei andnud alla ja püüdis Taavetit tappa. Ta ajas Taavetit pidevalt oma sõjaväega taga.

Sellest hoolimata ei soovinud Taavet Saulile kahju teha, sest Jumal oli kuninga võidnud ja kuningas Saul teadis seda. Aga Sauli kadedus, mis oli kord süttinud, ei lahtunud. Sauli piinasid pidevalt kadedusest tingitud segavad mõtted ja ta ei saanud Taaveti vastu tuntud kadeduse tõttu rahu enne, kui ta tapeti lahingus vilistide vastu.

Moosese kadestajad

4. Moosese raamatu 16. peatükis kirjutatakse Koorahist, Daatanist ja Abiramist. Koorah oli leviit ja Daatan ning Abiram olid Ruubeni suguharust. Nad pidasid Moosese ja ta venna ja abilise Aaroni vastu vimma. Neile ei meeldinud, et Mooses oli varem Egiptuse valitseja ja nüüd ta valitses neid, kuigi ta oli põgenik ja Midjani karjus. Teise nurga alt tahtsid nad ise juhiks saada. Seega nad sõlmisid sidemeid inimestega, kes võisid siis nende rühma kuuluda.

Koorah, Daatan ja Abiram kogusid 250 inimest end järgima ja arvasid, et nad saavad võimule. Nad läksid Moosese ja Aaroni juurde ja vaidlesid nendega. Nad ütlesid: *„Nüüd on küllalt! Sest terve kogudus – nad kõik on pühad ja Isand on nende keskel! Mispärast tõstate siis tele endid Isanda koguduse üle?"* (4. Moosese raamat 16:3).

Hoolimata sellest, et nad ei hoidnud end Moosese vastu minemast tagasi, ei öelnud Mooses neile midagi vastu. Ta üksnes põlvitas Jumala ette ja palvetas ja püüdis lasta neil nende veast aru saada ning palus Jumalat Tema kohtu asjus. Sel hetkel süttis Jumala raev Koorahi, Abirami ja Daatani ja nendega koosolijate vastu. Maa avanes ja Koorah, Daatan ja Abiram läksid oma naiste, poegade ja väikeste lastega elusalt surmavalda. Isanda eest lähtus tuli ja hävitas kakssada viiskümmend meest, kes olid ohverdanud suitsutusrohtu.

Mooses ei teinud inimestele mingit kahju (4. Moosese raamat 16:15). Ta lihtsalt andis oma parima, et inimesi juhatada. Ta tõendas imede ja tunnustähtede abil pidevalt, et Jumal oli nendega. Ta lasi neil näha Egiptuse kümmet nuhtlust ja Punast merd lõhestades sellest kuiva maad mööda läbi minna; ta tõi neile kaljust vee välja ja lasi neil kõrbes mannat ja vutte süüa. Isegi siis nad laimasid Moosest ja seisid tema vastu, öeldes, et ta tõstis end teistest ülemaks.

Jumal lasi inimestel samuti näha, kui suur patt oli Moosese peale kadedust tunda. Jumala poolt ametisse määratud inimese üle kohtumõistmine ja ta hukkamõistmine on Jumala üle kohtumõistmise ja hukkamõistuga samaväärsed teod. Seega me ei tohiks Isanda nimel tegutsevaid kogudusi ega organisatsioone hoolimatult kritiseerida ja rääkida, et nad on valed või ketserlikud. Kuna me oleme kõik Jumalas vennad ja õed, on meievaheline kadedus Jumala ees suur patt.

Tähtsusetute asjade pärast kadeduse tundmine

Kas me saame soovitut lihtsalt kadedusega? Kindlasti mitte! Me võime kaasinimesed rasketesse oludesse panna ja võib näida, et me liigume neist ette, aga tegelikult ei saa me kõike, mida me tahame. Jakoobuse 4:2 öeldakse: *"Te himustate, ja teil ei ole; te taplete ja tapate, ja ei suuda midagi saavutada; te tülitsete ja sõdite. Teil ei ole, sest te ei palu."*

Kadestamise asemel arvestage pigem sellega, mis on kirjutatud Iiob 4:8: *"Niipalju kui mina olen näinud: kes künnavad ülekohut ja külvavad õnnetust, need lõikavadki seda."* Tehtud kuri naaseb teie ellu nagu bumerang.

Külvatud kurja eest võib teil vastutasuks esineda perekondlikke ja töiseid õnnetusi. Nii nagu Õpetussõnades 14:30 öeldakse: *"Südamerahu on ihule eluks, aga kadedus on otsekui mädanik luudes,"* kadedus toob vaid isetekitatud kahju ja on seega täiesti tähendusetu. Seega, kui te soovite teistest ette jõuda, tuleb teil paluda Jumalat, kes valitseb kõike, selle asemel, et raisata oma energiat kadedate mõtete ja tegude peale.

Muidugi ei saa te kõike, mida te palute. Jakoobuse 4:3 öeldakse: *"Te palute, aga ei saa, sest te palute halva jaoks, tahtes seda kulutada oma lõbudeks."* Kui te palute midagi oma lõbudeks kulutamiseks, ei saa te seda, sest see ei ole Jumala tahe. Aga enamasti paluvad inimesed täpselt oma himust lähtuvalt. Nad paluvad rikkust, kuulsust ja võimu oma mugavuse ja uhkuse rahuldamiseks. See on mind teenistuses oleku ajal kurvastanud. Ehtne ja tõeline õnnistus ei seisne rikkuses, kuulsuses ega väes, vaid inimhinge rikkuses.

Hoolimata sellest, kui palju asju teil on ja kui paljut te naudite, mis sellest kasu on, kui te ei saa päästetud? Meil tuleb meeles pidada, et kogu maapealne kaob nagu udu. 1. Johannese 2:17 öeldakse: *"Ja maailm kaob ja tema himu, aga kes teeb Jumala tahtmist, püsib igavesti"* ja Koguja 12:8 öeldakse: *"Tühisuste tühisus,"* ütleb Koguja, *"kõik on tühine!"*

Ma loodan, et te ei hakka maailma tähenduseta asjade külge klammerdudes oma vendi ja õdesid kadestama, vaid et teil on Jumala ees õige süda. Siis vastab Jumal teie südamesoovidele ja annab teile igavese taevariigi.

Kadedus ja vaimne soov

Inimesed usuvad Jumalat ja nad tunnevad ikkagi kadedust, sest neil on vähe usku ja armastust. Kui teil on puudu Jumala armastusest ja teil on vähene usk taevariiki, võite te tunda kadedust, et saada selle maailma rikkust, kuulsust ja võimu. Kui te olete täiesti veendunud oma jumalalapse õigustes ja taevariigi kodakondsuses, tunduvad vennad-õed Kristuses maailmalikust perest palju kallimad, sest te usute, et te elate nendega igavesti Taevas.

Isegi uskmatud, kes ei ole Jeesust Kristust vastu võtnud, on kallid ja need, keda me peaksime taevariiki juhatama. Seda uskudes ja eneses tõelist armastust kasvatades hakkame me oma ligimesi armastama niimoodi, nagu me armastame ennast. Siis oleme me rõõmsad, kui teised on rikkad, nii nagu me ise oleksime rikkad. Tõelise usuga inimesed ei taotle maailma tähenduseta asju, vaid püüavad olla usinad Isanda töös, et taevariiki vägivallaga oma valdusse võtta. Neil on nimelt vaimsed soovid.

Ristija Johannese päevist tänini rünnatakse taevariiki ja ründajad kisuvad selle endale (Matteuse 11:12).

Vaimne soov erineb kindlasti kadedusest. Tähtis on, et me sooviksime Isanda töös entusiastlik ja ustav olla. Aga kui see kirg ületab piirijoone ja läheb tõe piiridest välja või kui see paneb teised komistama, ei ole see aktsepteeritav. Kui me oleme innukad Isanda töös, peaksime me nägema end ümbritsevate inimeste vajadusi, taotlema nende kasu ja kõigiga rahu hoida püüdma.

4. Armastus ei kelgi

On inimesi, kes hooplevad alati iseendi üle. Nad ei hooli sellest, kuidas nende hooplemine teisi tundma paneb. Nad tahavad lihtsalt olemasolevaga kelkida püüdes teiste tunnustust pälvida. Joosep kelkis oma unenäoga, kui ta oli noor poiss. See pani vennad teda vihkama. Kuna isa armastas teda eriliselt, ei saanud ta tegelikult oma vendade südamest aru. Hiljem, kui ta müüdi Egiptusesse orjaks, läbis ta palju katsumusi, et lõpuks vaimset armastust kasvatada. Enne kui inimesed kasvatavad omale vaimse armastuse, võivad nad kelkides ja end teistest kõrgemale tõstes rahu rikkuda. Seepärast Jumal ütleb, et armastus ei hoople.

Lihtsalt öeldes, hooplemine tähendab enese avalikustamist ja näitamist. Tavaliselt tahavad inimesed, et neid tunnustataks, kui nad midagi teistest paremini teevad või neil on midagi neist paremini. Mida taoline hooplemine annab?

Mõned vanemad on näiteks suurustlevad ja hooplevad oma hea õppedukusega lapse üle. Mõned inimesed võivad siis nendega rõõmu tunda, aga enamuse uhkus saab sellest haavata ja nad tunnevad vimma. Nad võivad oma lapsega põhjuseta pragada. Hoolimata sellest, kui hästi teie lapse õpingud ka ei läheks, kui teil on ka veidike headust, et te hoolite teiste inimeste tunnetest, ei hoopleks te oma lapse üle niimoodi. Te tahate, et ka naabrilapse õpingud läheksid hästi ja teete talle selle puhul rõõmsalt komplimente.

Hooplejatel on samuti kalduvus mitte sugugi tahta teiste inimeste tehtud head tööd tunnustada ega kiita. Neil on kalduvus teisi ühel või teisel viisil alandada, sest nad arvavad, et nad jäävad vastasel juhul teiste tunnustuse varju. See on vaid üks meetod, kuidas hooplemine põhjustab probleeme. Hooplev süda on niimoodi tehes tõelisest armastusest kaugel. Te võite arvata, et kui te kelgite, teid tunnustatakse, aga see teeb teil lihtsalt raskeks siirast lugupidamist ja armastust aktsepteerida. Selle asemel, et teid ümbritsevad inimesed teid kadestaksid, ässitab see teie vastu vahkviha ja armukadedust. *„Te kiitlete oma kõrkuses. Iga selline kiitlemine on kurjast"* (Jakoobuse 4:16).

Kiitlev elukõrkus tuleb maailma armastamisest

Milleks inimesed kiitlevad endi üle? Nad teevad niimoodi, sest neis on kiitlev elukõrkus. Kiitlev elukõrkus tähendab „maailma naudingute kohaselt uhkeldavat loomust." See tuleb armastusest maailma vastu. Tavaliselt uhkeldavad inimesed asjade üle, mida nad tähtsaks peavad. Need, kellele meeldib raha, uhkustavad oma olemasoleva rahaga ja need, kelle jaoks on välimus oluline, uhkeldavad sellega. Nad seavad nimelt raha, välimuse, kuulsuse või ühiskondliku võimu Jumalast kõrgemale.

Ühel meie koguduseliikmel oli edukas äri. Ta müüs Korea ärikontsernidele arvuteid. Ta tahtis oma äri laiendada. Ta sai palju eriliiki laenusid ja investeeris Internetikohviku ainumüügiõigusesse ja Interneti teel edastamisse. Ta rajas võidetud kahe miljardilise ehk umbes kahe miljoni USA dollarilise algkapitaliga ettevõtte.

Kuid käive tuli aeglaselt ja kaod kasvasid ning lõpuks ta ettevõte pankrotistus. Ta maja pandi oksjonile ja võlausaldajad ajasid teda taga. Ta pidi elama väikeste majade keldrikorrusel või katusekorteris. Nüüd pidi ta oma elu tagasivaates vaatama. Ta sai aru, et ta soovis oma edust kelkida ja ta oli rahaahne. Ta sai aru, et ta tegi end ümbritsevate inimeste elu raskeks, sest ta laiendas oma ettevõtet rohkem, kui ta suuteline oli.

Kui ta Jumala ees põhjalikult ja kogu südamest meelt parandas ja vabanes kogu oma ahnusest, oli ta rõõmus ka siis, kui ta sai tööd kanalisatsiooni ja septikute puhastajana. Jumal arvestas tema olukorda ja näitas talle, kuidas uut ettevõtet alustada. Nüüd teeb ta kogu aeg kõike õieti ja ta äri õitseb.

1. Johannese 2:15-16 öeldakse: *„Ärge armastage maailma ega seda, mis on maailmas! Kui keegi armastab maailma, siis ei ole tõmas Isa armastust. Sest kõik, mis on maailmas – lihahimu ja silmahimu ja elukõrkus – ei ole Isast, vaid maailmast."*

Lõuna-Juuda kolmeteistkümnes kuningas Hiskija oli Jumala arvates õiglane ja ta puhastas ka templi. Ta võitis palve teel Assüüria invasiooni ja kui ta haigestus, palus ta pisarsilmil ja sai 15 aastat oma elule lisaks. Aga temas oli ikkagi hooplevat elukõrkust. Kui ta taastus haigusest, saatis Paabel oma esindajad tema juurde.

Hiskijal oli väga hea meel neid vastu võtta ja ta näitas neile kogu oma aardekambrit, hõbedat ja kulda ja vürtse ja kallihinnalist õli ja kogu relvakambrit ja kõike, mis tema aardekambris leidus. Tema hooplemise tõttu vallutas Paabel Lõuna-Juuda ja viis kõik aarded minema (Jesaja 39:1-6). Hooplemine tuleb maailma armastusest ja tähendab, et sel inimesel ei ole Jumala armastust. Seega peab inimene tõelise armastuse arendamiseks oma südames olevast hooplevast elukõrkusest vabanema.

Isandast kiitlemine

On olemas ka head liiki kiitlemist. See on Isanda üle kiitlemine, millest räägitakse 2. Korintlastele 10:17: *"Kes tahab kiidelda, kiidelgu Isanda üle!"* Isanda üle kiitlemine tähendab Jumala austamist, seega mida rohkem seda teha, seda parem. Niisuguse kiitlemise hea näide on "tunnistus".

Paulus ütles Galaatlastele 6:14: *"Aga mulle olgu olemata, et ma kiitleksin muu kui meie Isanda Jeesuse Kristuse risti üle, mille läbi maailm on minule risti löödud ja mina maailmale."*

Nii nagu ta ütles, me kiitleme meid päästnud ja meile taevariigi andnud Jeesuse Kristuse üle. Me olime oma pattude tõttu igavesse surma määratud, aga tänu Jeesusele, kes maksis ristil meie pattude eest, saime me igavese elu. See teeb meid tõesti tänulikuks!

Sellepärast kiitles apostel Paulus oma nõrkuse üle. 2. Korintlastele 12:9 öeldakse: *"Kuid Tema ütles mulle: 'Sulle piisab minu armust, sest nõtruses saab vägi täielikuks.' Nii ma siis kiitlen meelsamini oma nõtrusest, et Kristuse vägi laskuks elama minu peale."*

Tegelikult tegi Paulus väga palju imesid ja tunnustähti ja inimesed tõid haigetele isegi taskurätikuid või higirätikuid, mida ta oli puudutanud ja haiged tervenesid. Ta tegi kolm misjonireisi ja viis väga paljud Isanda juurde, ta rajas väga paljudes linnades kogudusi. Aga ta ütles, et tema ei teinud kõiki neid tegusid. Ta üksnes kiitles Jumala armust ja Isanda väest, mis lasi tal kogu tehtu teoks teha.

Tänapäeval tunnistavad paljud, kuidas nad kohtusid elava Jumalaga ja kogevad Teda oma igapäevaelus. Nad annavad edasi

Jumala armastust, öeldes, et nad said haigustest terveks, rahalised õnnistused ja pererahu, kui nad otsisid Jumalat kogu südamest ja demonstreerisid oma armastuse tegusid.

Nii nagu öeldakse Õpetussõnades 8:17: *„Mina armastan neid, kes armastavad mind, ja kes otsivad mind, need leiavad minu,"* nad on tänulikud, et nad kogesid Jumala suurt armastust ja said suure usu, mis tähendab, et nad said vaimsed õnnistused. Niisugune kiitlemine Isanda üle austab Jumalat ja istutab inimsüdametesse usku ja elu. Nii tehes talletavad nad taevased tasud ja saavad oma südamesoovidele kiiremini vastused.

Aga me peame siin ühes asjas ettevaatlik olema. Mõned ütlevad, et nad austavad Jumalat, aga tegelikult tahavad nad end või oma tehtut teistele teatavaks teha. Nad vihjavad kaudselt, et nad said oma pingutuste tõttu õnnistatud. Nad paistavad Jumalat austavat, aga tegelikult annavad nad kogu au enesele. Saatan süüdistab niisuguseid inimesi. Lõppude lõpuks saab nende enesekiitmine ilmsiks; nad võivad sattuda igasugustesse läbikatsumistesse ja katsumustesse või kui keegi ei tunnusta neid, jätavad nad lihtsalt Jumala.

Roomlastele 15:2 öeldakse: *„Igaüks meist olgu meelepärane ligimese heaks tema ülesehitamiseks."* Selle kohaselt peaksime me alati rääkima oma ligimeste ülesehituseks ja neisse usku ja elu istutama. Nii nagu vesi puhastatakse filtri kaudu, peaksime meiegi oma sõnu enne nende välja rääkimist filtreerima, pidades silmas, kas meie sõnad ehitavad kuulajaid või teevad need neile haiget.

Kiitlevast elukõrkusest vabanemine

Keegi ei ela igavesti ka siis, kui neil on väga palju üle kiidelda. Pärast maapealset elu läheb igaüks kas Taevasse või põrgusse. Taevas on isegi teed, millel me käime, kullast ja sealset rikkust ei anna selle maailma omaga võrrelda. See tähendab, et sellest maailmast kiitlemine on täiesti tähendusetu. Isegi kui inimesel on väga palju rikkust, kuulsust, teadmisi ja väge, kas ta saab põrgusse minnes nende üle kiidelda?

Jeesus ütles: *„Sest mis kasu on inimesel, kui ta võidaks terve maailma, oma hingele teeks aga kahju? Või mis oleks inimesel anda ära oma hinge lunahinnaks? Sest Inimese Poeg tuleb oma Isa kirkuses koos oma inglitega ja siis Tema tasub igaühele selle tegusid mööda"* (Matteuse 16:26-27).

Maailma üle kiitlemine ei anna iialgi igavest elu ega rahulolu. Aga see tekitab pigem tähendusetuid soove ja viib meid hävingusse. Kui me niisugust asja mõistame ja täidame oma südame taevalootusega, saame me jõu kiitlevast elukõrkusest vabanemiseks. See sarnaneb lapsega, kes võib oma vanast ja väheväärtuslikust mänguasjast uhiuue saamisel hõlpsalt loobuda. Kuna me teame taevariigi säravast hiilgusest, ei klammerdu me selle maailma asjade külge ega võitle, et neid saada.

Kui me saame kiitlevast elukõrkusest vabaks, kiitleme me vaid Jeesusest Kristusest. Me ei tunne, et miski selles maailmas oleks kiitlemist väärt, aga selle asemel me tunneme vaid uhkust aust, mida me kogeme igavesti taevariigis. Siis saame me täis senitundmatut rõõmu. Isegi kui meie eluajal esineb raskeid hetki, ei tunne me, et need oleksid väga rasked. Me täname üksnes meie pääsemiseks oma ainusündinud Poja Jeesuse andnud Jumala armastuse eest ja saame seega igas olukorras rõõmust tulvil olla. Kui me ei taotle kiitlevat elukõrkust, ei tunne me end väga ülendatuna, kui meid kiidetakse ega kaota pragamise puhul oma julgust. Me kontrollime end alandlikult veelgi enam, kui meid kiidetakse ja me täname vaid, kui meid noomitakse ja püüame veelgi rohkem muutuda.

5. Armastus ei hoople

Need, kes kiitlevad lihtsalt iseendist, tunnevad, et nad on teistest paremad ja muutuvad üleolevaks. Kui asjad laabuvad, arvavad nad, et see sündis nende hea töö tõttu ja lähevad ennast täis või laisaks. Piiblis öeldakse, et ülbus on üks kurjuse liike, mida Jumal vihkab üle kõige. Ülbus on samuti peapõhjus, miks inimesed ehitasid Jumalaga võistlemiseks Paabeli torni, mille tõttu Jumal eraldas keeled.

Uhkete iseloomustus

Uhke inimene ei pea teisi endast paremaks ja põlastab neid või ei pea neist lugu. Niisugune inimene tunneb, et ta on teistest kõige poolest üle. Ta peab end parimaks. Ta põlastab teisi, vaatab neile ülalt alla ja püüab neid kõiges õpetada. Ta demonstreerib lihtsalt ülbet suhtumist neisse, kes tunduvad temast vähemad olevat. Vahel ei pea ta oma liigses kõrkuses lugu neist, kes teda õpetasid ja juhatasid ja kes olid temast positsiooni poolest tööl või ühiskondlikus hierarhias kõrgemal. Ta ei taha endast vanemate nõuandeid, kriitikat ega soovitusi kuulata. Ta hädaldab ja mõtleb: „Mu ülemus ütleb seda vaid seetõttu, et ta ei saa asjast aru" või ütleb: „Ma tean kõike ja suudan seda väga hästi teha."

Niisugune inimene põhjustab teistega palju vaidlusi ja tülisid. Õpetussõnades 13:10 öeldakse: *„Ülbusest tõuseb riid, aga kes nõu kuulda võtavad, on targad."*

2. Timoteosele 2:23 öeldakse: *„Aga sõgedad ja kasvatamatud*

arutlemised lükka tagasi, teades, et need tekitavad tülisid." Sellepärast on rumal ja vale arvata, et vaid teil on õigus.

Igaühel on erinev südametunnistus ja erinevad teadmised, sest igaüks on näinud, kuulnud, kogenud ja õppinud eri asju. Aga igaühe teadmistes on palju väära ja mõned teadmised on ebaõigelt talletatud. Kui need teadmised on meie sees pikema aja jooksul, moodustuvad eneseõigus ja mõttemallid. Eneseõigus toonitab, et vaid meie arvamused on õiged ja kui see kinnistub, saab sellest mõttemall. Mõnede mõttemallid moodustuvad isiksuse või omandatud teadmiste baasilt.

Mõttemall on nagu inimskelett. See moodustab igaühe vormi ja kui see on kord moodustunud, on seda raske lammutada. Enamiku inimeste mõtted tulevad eneseõigusest ja mõttemallidest. Alaväärtustundega inimene reageerib väga tundlikult, kui teised teda süüdistades tema suunas osutavad. Või nagu öeldakse, kui rikas inimene kohendab oma riideid, arvavad inimesed, et ta hoopleb ja uhkeldab oma rõivastega. Kui keegi kasutab raskeid või keerukaid sõnu, arvavad inimesed, et ta uhkeldab oma teadmistega ja suhtub neisse üleolevalt.

Ma sain oma algkooliõpetajalt teada, et Vabadussammas asub San Franciscos. Mul on eredalt meeles, kuidas ta õpetas mind, kasutades pilti ja Ameerika Ühendriikide maakaarti. 1990ndate aastate alguses läksin ma Ameerika Ühendriikidesse uhendatud äratuskoosolekut pidama. Siis sain ma teada, et Vabadussammas asus tegelikult New York Citys.

Minu teada pidi Vabadussammas olema San Franciscos, seega ma ei saanud aru, miks see oli New York Citys. Ma küsisin inimestelt, kes mu lähedal olid ja nad ütlesid, et see asus tegelikult

New Yorkis. Ma sain aru, et ma olin uskunud midagi, mis ei olnud tegelikult tõene. Sel hetkel mõtlesin ma, et ka see, mida ma usu läbi tõeks pean, võib vale olla. Paljud usuvad ja toonitavad asju, mis ei ole tõesed.

Isegi kui nad võivad eksida, ei tunnista uhked oma eksimust, vaid rõhutavad ikka oma arvamust ja see tekitab tüli. Aga alandlikud ei tülitse ka siis, kui teine eksib. Isegi kui nad on 100% veendunud oma õigsuses, arvavad nad ikka, et äkki nad eksivad, sest neil ei ole mingit kavatsust teistele vaidluses peale jääda.

Alandlikus südames on vaimne armastus, mis peab teisi paremaks. Isegi kui teistel ei ole elus nii hästi läinud, nad on vähem haritud või neil on vähem ühiskondlikku mõjuvõimu, peame me alandliku meelega kogu südamest teisi endast paremaks. Me peame kõiki hingi väga kalliks, sest nad olid väärt seda, et Jeesus valas nende eest oma vere.

Lihalik uhkus ja vaimne uhkus

Kui keegi demonstreerib niisugust välist vale tegu ja hoopleb iseenese üle, eputades ja teiste peale ülalt alla vaadates, võib sellest lihtsalt aru saada. Kui me võtame Isanda vastu ja tuleme tõetunnetusele, võime me neist lihaliku uhkuse omadustest kergelt vabaneda. Vastupidiselt, vaimset uhkust ei ole lihtne mõista ega sellest vabaneda. Mis on siis vaimne uhkus?

Kui te olete märkimisväärse aja jooksul koguduses käinud, olete te talletanud palju teadmisi Jumala Sõna kohta. Teile võidakse omistada ka tiitleid ja positsioone koguduses või teid võidakse valida juhiks. Siis võite te tunda, et te olete oma südames saanud juba teatud hulga teadmisi Jumala Sõnast, mis on märkimisväärsed, et arvata: „Ma olen nii palju saavutanud. Mul on tõenäoliselt enamasti õigus!" Te võite teisi noomida ja nende üle teadmistena talletatud Jumala Sõna kasutades kohut mõista ja neid hukka mõista, arvates, et vaid teie eristate tõe alusel õiget ja vale. Mõned kogudusejuhid järgivad omakasu ja rikuvad ettekirjutusi ja korda, millest nad kinni pidama peaksid. Nad rikuvad kindlasti oma tegudes koguduse korda, aga nad arvavad: „Minu jaoks see ei loe, sest ma olen sellel positsioonil. Ma olen erand." Niisugune üleolev mõtlemine on vaimne uhkus.

Kui me tunnistame oma armastust Jumala vastu, aga eirame üleoleva südamega Jumala seadust ja korda, ei ole me tunnistus tõene. Kui me mõistame teiste üle kohut ja taunime neid, ei saa meid pidada tõelise armastusega inimeseks. Tõde õpetab meid teistes vaid head nägema, head kuulama ja head rääkima.

Ärge halvustage üksteist, vennad! Kui keegi halvustab või arvustab oma venda, siis ta halvustab ja arvustab Seadust. Kui sa aga Seadust arvustad, siis sa ei ole Seaduse täitja, vaid kohtunik (Jakoobuse 4:11).

Kuidas te tunnete, kui te näete teiste nõrkusi?

Jack Kornfield kirjutab oma raamatus Andestuse, Armastava lahkuse ja rahu kunst *The Art of Forgiveness, Lovingkindness, and Peace* eri viisidest, kuidas kogenematute tegudega tegeletakse.

„Lõuna-Aafrika Babemba suguharus seatakse inimene, kes tegutseb vastutustundetult või ebaõiglaselt iiksinda ja vabastatult küla keskele. Kogu töö peatub ja iga külas olev mees, naine ja laps koguneb suure ringina süüdistatu ümber. Siis räägib iga suguharu inimene ühekaupa süüdistatule ja igaüks neist tuletab meelde häid asju, mida ringi keskel olev isik oma eluajal teinud on. Iga juhtum, iga kogemus, mida saab üksikasjalikult ja täpselt meelde tuletada, loetakse ette. Kõik tema positiivsed omadused, head teod, tugevad küljed ja lahked iseloomujooned loetakse hoolikalt ja pikalt ette. Suguharu tseremoonia kestab sageli mitmeid päevi. Lõpuks suguharu ahel katkestatakse ja pidutsetakse rõõmsalt ning suguharu võtab selle inimese sümboolselt ja otseselt südamlikult tagasi."

Selle protsessi kaudu saavad valesti teinud inimesed oma eneseväärikuse tagasi ja otsustavad oma suguharule oma panuse anda. Niisuguse unikaalse katsumuse tõttu öeldakse, et nende ühiskonnas esineb harva kuritegusid.

Kui me näeme teiste vigu, võime me mõtelda, kas me mõistame nende üle esiteks kohut ja taunime neid või laseme me oma halastaval ja haletseval südamel ette jõuda. Niimoodi saame me näha, kui palju me oleme arendanud alandlikkust ja armastust. Kui me end pidevalt kontrollime, ei tohiks me saavutatuga rahul olla juba lihtsalt seetõttu, et me oleme kaua usklikud olnud.

Enne täiele pühitsusele jõudmist on igaühel loomus, mis võimaldab uhkuse kasvu. Sellepärast on väga oluline, et me uhkuse loomuse juured eemaldaksime. See võib suvalisel hetkel taas esile kerkida, kui me ei eemalda seda täielikult innukate palvete kaudu. See sarnaneb umbrohule, mis ära lõigates kasvab tagasi, kuniks see tõmmatakse täielikult – juurtega välja. Nimelt, kuna patuloomus ei ole südamest täiesti eemaldatud, kerkib uhkus pikaajalise usuelu elamisel taas meelde. Seega me peaksime alati laste sarnaselt Isanda ette alanduma, pidama teisi enesest paremaks ja püüdma pidevalt vaimset armastust kasvatada.

Uhked usuvad iseend

Nebukadnetsar avas Suure Paabeli kuldajastu. Sel ajal valmistati üks iidne maailmaime rippaiad. Ta oli uhke, et kogu ta kuningriigis sündis kõik tema suure väe läbi. Ta tegi enesest kuju ja pani inimesed seda kummardama. Taanieli 4:27 öeldakse: *"Kuningas hakkas rääkima ja ütles: Eks see ole see suur Paabel, mille ma oma võimsa jõuga olen ehitanud kuninglikuks valitsuspaigaks ja oma väärikuse auks?"*

Jumal lasi tal lõpuks aru saada, kes oli tegelikult maailma valitseja (Taaniel 4:28-29). Ta aeti paleest välja, ta sõi rohtu nagu lehmad karjamaal ja elas seitse aastat nagu metsloom kõnnumaal. Mida ta troon sel hetkel tähendas? Me ei saa midagi, kui Jumal ei luba sellel juhtuda. Nebukadnetsari normaalne mõistus taastus seitse aastat hiljem. Ta mõistis oma uhkust ja tunnistas Jumala olemasolu. Taaniel 4:34 öeldakse: *"Nüüd mina, Nebukadnetsar, kiidan ja ülistan ja austan taeva kuningat, sest kõik Tema teod on tõde ja Tema teed on õiged! Tema võib alandada neid, kes käivad kõrkuses."*

Asi ei puuduta vaid Nebukadnetsarit. Mõned maailmas olevad uskmatud ütlevad: „Ma usun iseendasse." Aga neil ei ole lihtne maailma võita. Maailmas on palju probleeme, mida ei ole võimalik inimvõimetega lahendada. Isegi parim revolutsiooniline teadusinfo ja tehnoloogia on kasutu loodusõnnetuste korral, kaasa arvatud taifuunid, maavärinad ja muud ootamatud õnnetused.

Ja kui palju haigusi ei saa isegi kaasaja arstirohtude abil tervendada? Aga paljud usaldavad eri probleemide korral Jumala asemel pigem iseennast. Nad usaldavad oma mõtteid, kogemusi ja teadmisi. Aga kui nad ei ole veel edukad ja seisavad ikkagi probleemidega silmitsi, nurisevad nad oma uskmatuse kiuste Jumala vastu. Nad teevad nii, sest nende südames on uhkus. Tolle uhkuse tõttu ei tunnista nad oma nõrkust ja ei tunnusta alandlikult Jumala olemasolu.

Veelgi kahetsusväärsem on see, et mõned usklikud usaldavad maailma ja iseendid, selmet Jumalat usaldada. Jumal tahab, et Ta lastel oleks edukas elu ja nad elaksid Tema abiga. Aga kui te ei taha uhkuse tõttu Jumala ette alanduda, ei saa Jumal teid aidata. Siis ei saa teid vaenlase kuradi eest kaitsta ja te ei saa oma teedel edukas olla. Täpselt nii, nagu Jumal ütles Õpetussõnades 18:12: *„Enne langust läheb inimese süda ülbeks, aga enne au on alandus,"* teie eksimuste ja hävingu taga seisab üksnes teie ülbus.

Jumala arvates on ülbed rumalad. Kui vähene on inimese ligiolu Taevasse oma aujärje ja maale oma järi teinud Jumala omaga võrreldes? Kõik inimesed loodi Jumala kuju järgi ja me oleme jumalalastena kõik võrdsed, olgu me siis kas kõrgel või madalal positsioonil. Hoolimata sellest, kui paljude asjade üle me maailmas kiidelda võiksime, selle maailma elu kestab vaid üürikest aega. Selle lühikese elu lõpus mõistab Jumal igaühe üle kohut ja meid ülendatakse Taevas vastavalt sellele, mida me alandlikult maa peal tegime. See sünnib, sest Isand ülendab meid nii nagu öeldakse Jakoobuse 4:10: *„Alanduge Isanda ette, siis Ta ülendab* *teid!"*

Kui vesi püsib väikeses lombis, see seisab ja kõduneb ja ussid täidavad selle. Aga kui vesi voolab lakkamatult allamäge, jõuab see lõpuks merre ja annab väga paljudele elusolenditele elu. Samamoodi, alandugem, et me saaksime Jumala silmis suureks.

	1. See on pika meelega
	2. See hellitab
Vaimse armastuse iseloomustus I	3. See ei ole kade
	4. See ei kelgi
	5. See ei hoople

6. Armastus ei käitu näotult

„Maneerid" või „etikett" on ühiskondlikult õige tegutsemise viis, mis puudutab inimeste suhtumist ja käitumust teiste suhtes. Meie igapäevaelu kultuurietiketi liigid erinevad laialdaselt, mis puudutab meie vestlusetiketti, einestamist või käitumist avalikes kohtades nagu teatris ja kinos.

Kohased maneerid on meie elu tähtsaks osaks. Ühiskondlikult vastuvõetav käitumine, mis on kohane igas kohas ja igasugustes oludes, jätab tavaliselt teistele soodsa mulje. Aga vastupidi, kui me ei käitu õieti ja kui me eirame põhilist etiketti, võib see meid ümbritsevatele inimestele ebamugavust põhjustada. Lisaks, kui me väidame end kedagi armastavat, aga käitume tema suhtes sündsusetult, on sellel inimesel raske uskuda, et me teda tegelikult armastame.

Sõnaraamatus *The Merriam-Webster's Online Dictionary* tähistatakse sõna „sündsusetu" kui „inimese positsiooni või elutingimuste standardiga mitte kooskõlas olevat." Ka meie igapäevaelus on palju kultuurietiketi standardite liike, mis puudutab tervitamist ja vestlemist. Üllatuseks ei ole paljud inimesed isegi viisakusetu tegevuse järgselt oma sündsusetust käitumisest teadlikud. Eriti lihtne on sündsusetult käituda lähedaste inimestega, sest kui me tunneme end kellegi seltsis mugavalt, on meil kalduvus viisakusetult ja õigest etiketist kinnipidamata tegutseda.

Aga tõelise armastuse olemasolu korral ei käitu me kunagi sündsusetult. Oletame, et teil on väga väärtuslik ja ilus kalliskivi. Kas te kohtleksite seda siis hooletult? Te oleksite väga ettevaatlik ja hoolikas seda käsitledes, et see ei puruneks, et te ei teeks sellele mingit viga ega kaotaks seda. Samamoodi, kui väärtuslikult te kohtleksite kedagi, keda te tegelikult armastate?

On olemas kaks sündsusetu käitumise vormi: Jumala ees kommete puudumine ja inimese ees sama tegemine.

Jumala suhtes sündsusetu käitumine

Isegi nende seas, kes usuvad Jumalat ja räägivad, et nad armastavad Teda, on paljud Jumala armastamisest kaugel, kui nende tegusid näha ja sõnu kuulata. Näiteks, teenistuse ajal magama jäämine on üks peamine viisakusetu tegu Jumala suhtes.

Ülistusteenistuste ajal magama jäämine on peaaegu sama, mis Jumala enese ligiolus magama jäämine. Oleks üsna viisakusetu riigi Presidendi või ettevõtte tegevdirektori ees magama jääda. Aga Jumala ees magama jäämine on hulga sündsusetum. On kahtlane, kas te suudate edaspidi oma Jumala armastust tunnistada. Või oletame, et te kohtute oma armastatuga ja siis te jääte tema ees magama. Kuidas te võite siis öelda, et te teda tõesti armastate?

Samuti on tegu ebasündsa käitumisega, kui te vestlete kõrvalolijatega ülistusteenistuste ajal või kui te unistate sel ajal. Niisugune käitumine näitab, et ülistajal puudub austus ja armastus Jumala vastu.

Niisugune käitumine mõjutab ka jutlustajaid. Oletame, et keegi usklik räägib oma kõrvalolijaga või mõtleb uitmõtteid või tukub. Siis võib jutlustaja mõtelda, et ta sõnum ei ole ehk piisavalt armuline. Ta võib kaotada Püha Vaimu sisenduse ja ei pruugi olla enam suuteline Vaimu täiuses jutlustama. Kõik niisugused teod põhjustavad lõpuks ka teistele ülistajatele ebasoodsaid olusid.

Samamoodi on lood teenistuse ajal pühamust lahkumisega. Muidugi on vabatahtlikke, kes peavad ülistusteenistustel aidates oma ülesannete täitmiseks välja minema. Aga välja arvatud tõesti erijuhtumite korral, on kohane ringi liikuda vaid pärast seda, kui teenistus on täiesti läbi. Mõned arvavad: „Me võime vaid sõnumit kuulata" ja lahkuvad enne teenistuse lõppu, mis on ebasünnis.

Tänapäeva ülistusteenistus on Vana Testamendi põletusohvri toomise võrdväärne ekvivalent. Põletusohvreid tuues tuli loomad tükkideks lõigata ja siis kõik osad ära põletada (3. Moosese raamat 1:9).

See tähendab tänapäeva mõttes, et me peame algusest lõpuni teatud formaalsustele ja toimingutele vastava õige ja täieliku ülistusteenistuse ohvri tooma. Me peame kogu südamest igasugust korda ülistusteenistuse käigus järgima, alustades vaikse palvega, kui me lõpetame õnnistuse või Meie Isa palvega. Meil tuleb kogu südamest kiitust laulda või palvetada või isegi ohvriandi anda ja teateid jälgida. Ametlikele koguduse teenistustele lisaks tuleb meil igasugustel palvekoosolekutel ja kiitus ja ülistusteenistustel kogu südamest osaleda.

Jumala kogu südamest ülistamiseks ei tohiks me esiteks teenistusele hiljaks jääda. Ei ole kohane teiste inimestega kohtumisele hilineda, kuid veelgi vähem sünnis on hilineda Jumalaga kohtumisele. Jumal ootab meid alati ülistuspaigas, et meie ülistust vastu võtta.

Seega me ei tohiks tulla üksnes teenistuse alguseks kohale.

Kohane on tulla varem kohale, meelt parandades palvetada ja teenistuseks valmistuda. Lisaks on kohatu ülistusteenistuse ajal mobiiltelefoni kasutada või väikestel lastel sel ajal joosta ja mängida lasta. Ülistusteenistuse ajal närimiskummi närimine või toidu söömine on sündsusetu käitumine.

Ka teie väljanägemine ülistuse ajal on oluline. Tavaliselt ei ole kohane tulla kogudusse koduriietes ega tööröivastes, sest riietus väljendab meie aupaklikkust ja austust teise isiku vastu. Jumalalapsed, kes tõesti Jumalat usuvad, teavad, kui kallis on Jumal. Seega, kui nad tulevad Teda ülistama, tulevad nad oma kõige puhtamas riietuses.

Muidugi on erandeid. Paljud tulevad kolmapäevasele või reedeõisele teenistusele otse töölt. Kui nad kiirustavad, et õigeks ajaks kohale jõuda, võivad nad tööröivastes tulla. Sel juhul ei pea Jumal nende käitumist kohatuks, vaid Ta rõõmustab hoopis, sest Ta võtab vastu nende südamest tuleva hea lõhna, kui nad püüavad õigeaegselt ülistusteenistusele jõuda, kuigi neil on töö juures kiire. Jumal tahab meiega ülistusteenistuste ja palvete kaudu armastavas osaduses olla. Need on jumalalaste jaoks vajalikud ülesanded. Eriti on palve vestlus Jumalaga. Vahel võidakse palvetamise ajal kellegi õlga puudutada ja palve peatada, sest tegu on hädaolukorraga.

See on sama hea, kui teise inimese katkestamine tema vestluse ajal ülematega. Samuti, kui te avate palvetamise ajal oma silmad ja lõpetate palvetamise kohe lihtsalt seerõrru, et keegi kutsub teid, on tegu sündsusetu käitumisega. Sel juhul peaksite te esiteks oma palve lõpetama ja vastama alles pärast seda.

Kui me toome Jumalale oma ülistuse ja palve vaimus ja tões, annab Ta meile õnnistusi ja tasub meile. Ta vastab meie palvetele kiiremini, sest Ta võtab meie südame hea lõhna rõõmuga vastu.

Aga kui meie ellu kogunevad aasta või paari või pikema ajal jooksul sündmatud teod, loob see meie ja Jumala vahelise patumüüri. Isegi kui abikaasade ja vanemate ning laste vaheline suhe jätkub armastuseta, esineb palju probleeme. Sama on Jumalaga. Kui me oleme ehitanud enese ja Jumala vahelise müüri, ei saa meid haiguste ega õnnetuste eest kaitsta ja meil võib esineda erinevaid probleeme. Me ei pruugi palvevastuseid saada ka siis, kui me palvetame kaua aega. Aga kui meil on ülistuses ja palves õige suhtumine, võime me palju erinevaid probleeme lahendada.

Kogudus on Jumala pühakoda

Kogudus on koht, kus Jumal elab. Laulus 11:4 öeldakse: *"Isand on oma pühas templis, Isand, kelle aujärg on taevas."*

Vana Testamendi ajal ei saanud igaüks pühasse paika minna. Sinna said minna vaid preestrid. Vaid ülempreester võis korra aastas pühamus olevasse pühamast pühamasse paika minna. Aga tänapäeval võib igaüks Jumala armu kaudu pühamusse minna ja Teda kummardada, sest Jeesus lunastas meid oma vere läbi pattudest, nii nagu öeldakse Heebrealastele 10:19: *"Vennad, et meil on siis Jeesuse vere varal julgus sisse minna kõige pühamasse paika."*

Pühamu ei tähenda üksnes kohta, kus me ülistame. See on iga ruum, mis jääb kogudusehoone piiresse, kaasa arvatud aed ja muud rajatised. Seega, mil iganes me oleme koguduses, me peaksime olema hoolikad iga vähimagi sõna ja teo suhtes. Me ei või vihastuda ega tülitseda ega maailmalikest meelelahutustest ega ettevõtmistest pühamus rääkida. See on sama hea, kui koguduses

Jumala pühade asjadega hoolimatult ringi käia või neid kahjustada, purustada või raisata.

Eriti ei ole vastuvõetav koguduses midagi müüa ega osta. Tänapäeval maksavad mõned inimesed Internetiostude arengu tõttu koguduses ostetu eest Interneti teel ja saavad kogudusest selle eseme kätte. See on kindlasti äritehing. Me peame meeles pidama, et Jeesus pööras rahavahetajate lauad ümber ja ajas ohvriloomade müüjad välja. Jeesus ei aktsepteerinud isegi ohvriloomade müüki Templis. Seega me ei tohi koguduses midagi oma isiklikul otstarbel osta ega müüa. See on sama, mis laat koguduseaias.

Kõik kohad kogudusehoones peaksid olema eraldatud Jumala ülistamiseks ja osaduseks vendade-õdedega Isandas. Kui me palvetame ja meil on sageli koguduses koosolekud, peaksime me olema ettevaatlikud, et me ei muutuks koguduse pühaduse suhtes tundetuks. Kui me armastame kogudust, ei käitu me seal sündsusetult, nii nagu kirjutatakse Laulus 84:11: *„Sest üks päev Sinu õuedes on parem kui muid tuhat; ma seisan pigemini läve juures oma Jumala kojas, kui viibin õelate majades."*

Inimeste suhtes sündmatu käitumine

Piiblis öeldakse, et see, kes ei armasta oma venda, ei suuda ka Jumalat armastada. Kui me käitume nähtavate kaasinimeste suhtes sündsusetult, kuidas me suudame siis ülimal määral nähtamatut Jumalat austada?

„Kui keegi ütleb: 'Mina armastan Jumalat', ja vihkab oma venda, siis ta on valelik, sest kes ei armasta oma venda, keda ta näeb, ei suuda armastada Jumalat, keda ta ei ole näinud" (1. Johannese 4:20).

Vaatleme nüüd meie igapäevaelus esinevaid tavalisi sündsusetuid tegusid, mida on lihtne mitte märgata. Tavaliselt, kui omakasu otsida ja teiste seisukorda mitte arvestada, tehakse palju taktituid tegusid. Näiteks, telefoniga rääkides tuleb samuti etiketist kinni pidada. Kui me helistame hilja õhtul või öö ajal või räägime telefoni teel kaua inimesega, kellel on väga kiire, teeb see talle kahju. Kohtumistele hilinemine või ootamatult kellegi koju külaminek või ette teatamata saabumine on samuti viisakusetuse näited.

Võib mõtelda: „Me oleme nii lähedased, kas see pole ülimalt formaalne kõigi niisuguste meievaheliste asjade peale mõtelda?" Teil võivad olla tõesti head suhted, et te saate teise kohta kõigest aru. Aga ikkagi on väga raske teise südamest sajaprotsendiliselt aru saada. Me võime arvata, et me väljendame oma sõprust teise inimese vastu, aga ta võib sellesse teisiti suhtuda. Seega me peaksime teise vaatenurgast mõtelda püüdma. Me peaksime eriti hoolikad olema, et me ei käituks teise inimese suhtes viisakusetult, kui ta on väga lähedane ja tunneb end meiega vahetult.

Paljudel kordadel me võime rääkida hoolimatuid sõnu või tegutseda hoolimatult, tehes oma lähedaste tunnetele haiget või neid solvates. Me käitume niimoodi oma pereliikmete või väga lähedaste sõpradega viisakusetult ja lõpuks muutub meie suhe jäigaks ja võib väga halvasti lõppeda. Samuti kohtlevad mõned vanemad inimesi nooremaid või endast alamal positsioonil olevaid inimesi sündsusetult. Nad räägivad lugupidamisega või neil on käskiv suhtumine, mis tekitab teistes ebamugavust.

Aga tänapäeval on raske leida kedagi, kes teeniks kogu südamest oma vanemaid, õpetajaid ja vanemaid inimesi, keda me ilmselt peaksime teenima. Mõned võivad öelda, et olud on muutunud, aga on asju, mis ei muutu iialgi. 3. Moosese raamatus 19:32 öeldakse: *„Hallpea ees tõuse üles ja vanale anna au! Karda oma Jumalat! Mina olen Isand!"*

Jumal tahab, et me teeksime kõik meist oleneva ka inimeste heaks. Jumalalapsed peaksid samuti selle maailma seadusest ja korrast kinni pidama ja mitte sündsusetult käituma. Näiteks, kui me tekitame avalikus kohas mürglit, sülitame tänavale või rikume liikluseeskirju, käitume me paljude inimeste suhtes sündsusetult. Me oleme kristlased ja peaksime olema selle maailma valgus ja sool ja seega me peaksime oma sõnade, tegude ja käitumise suhtes väga ettevaatlikud olema.

Armastuse seadus on ülim standard

Suurem osa inimestest veedab enamiku oma ajast kaasinimestega kohtudes ja rääkides, süües ja nende seltsis töötades. Sel määral esineb meie igapäevaelus palju kultuurietiketi liike. Aga igaühel on eri haridusmäär ja eri maade ja eri rasside kultuur erineb. Mis siis peaks meie maneeride standardiks olema?

See on meie südames olev armastuse seadus. Armastuse seadus tähistab Jumala ehk armastuse enese seadust. Nimelt, meil on Isanda suhtumine ja me ei käitu sündsusetult võrdväärselt meie südamesse talletatud Jumala Sõnaga ja selle ellurakendamisega.

„Teistega arvestamine" on veel üks armastuse seaduse tähendus.

Üks mees läks pimedal ööl taskulambiga. Teine mees tuli vastupidises suunas ja kui ta nägi taskulambiga meest, märkas ta, et mees oli pime. Ta küsis selle peale, miks too mees lambiga ringi käis, kuigi ta ei olnud nägemisvõimeline. Siis pime ütles: „See lamp on sinu jaoks, et sa minuga kokku ei põrkaks." Me võime selles loos teistega arvestamist näha.

Olgugi et teistega arvestamine tundub tühiasi, seisneb selles suur vägi, mis liigutab inimsüdameid. Sündsusetud teod tulevad teistest hoolimatusest, mis tähendab armastuse puudumist. Kui me tõesti armastame teisi, arvestame me alati nendega ja ei käitu sündsusetult.

Kui põllumajanduses eemaldatakse liiga paljud alaväärtuslikud viljad kõigi viljade seast, võtavad kasvavad viljad kõikvõimalikud toitained endasse, seega neil on liiga paks koor ja nende maitse ei ole samuti hea. Kui me ei arvesta teistega, võime me hetkeks kõiki olemasolevaid asju nautida, aga me muutume vaid maitsetuteks ja paksunahalisteks inimesteks, nagu üleliigsete toitainetega viljad.

Seega me peaksime tegema täpselt nii, nagu öeldakse Koloslaste 3:23: *„Mida te iial teete, seda tehke kogu hingest, nõnda nagu Isandale ja mitte nagu inimestele"* ja teenima igaühte äärmise lugupidamisega, otsekui me teeniksime Isandat.

7. Armastus ei otsi omakasu

Kaasaja maailmas ei ole raske isekust kohata. Inimesed taotlevad omakasu ja mitte teiste kasu. Mõnel maal pannakse imikutele mõeldud piimapulbri segusse kahjulikke kemikaale. Mõned inimesed tekitavad oma maale suurt kahju, varastades oma maale väga olulist tehnoloogiat.

„See pole minu asi" probleemi tõttu on valitsusel raske ehitada avalikke rajatisi nagu prügilaid ega avalikke krematooriume. Inimesed hoolivad teiste heaolu asemel vaid oma heaolust. Kuigi need juhtumid ei ole nii äärmuslikud, võime me ka oma igapäevaelus palju isekaid tegusid leida.

Näiteks, mõned kolleegid või sõbrad lähevad koos sööma. Nad peavad valima, mida süüa ja üks nende seast rõhutab, et tema tahab teatud asja süüa. Teine inimene teeb samamoodi, aga arvab sisimas teisiti. Aga on ka inimene, kes küsib alati, mis teistele meeldib. Siis ta sööb alati rõõmuga, hoolimata sellest, kas talle meeldib see söök, mida teised valisid või mitte. Missugusesse rühma kuulute teie?

Inimgrupil on sündmuse korraldamisega seotud koosolek. Neil on eriarvamused. Üks püüab teisi veenda, kuni teised temaga nõustuvad. Teine inimene ei rõhuta oma arvamust nii palju, aga kui talle ei meeldi teise arvamus, aktsepteerib ta seda, olgugi tõrksalt.

Aga on ka inimene, kes kuulab teised enne oma arvamuse esitamist ära. Ja ta püüab teisi järgida ka siis, kui nende ettekujutus on tema omast erinev. Niisugune erinev suhtumine tuleb igaühe südames olevast armastusest.

Kui inimeste vahel esineb arvamuste konflikt, mis põhjustab tülisid või vaidlusi, tuleb see omakasu otsimisest ja üksnes oma arvamuste rõhutamisest. Kui abikaasad toonitavad vaid oma avamust, on nende elus pidevad kokkupõrked ja nad ei suuda teineteist mõista. Nad võivad rahu saada, kui nad teineteisele alistuvad ja vastastikku aru saavad, aga rahu kaob sageli, kuna nad rõhutavad oma arvamust.

Kui me armastame kedagi, hoolime me sellest inimesest rohkem kui iseendast. Vaatleme vanemate armastust. Enamik vanematest mõtleb enda peale mõtlemise asemel esiteks oma laste peale. Seega emad eelistaksid kuulda sõnade: „Sa oled kena" asemel, et nende tütar on väga kena.

Selle asemel, et ise maitsvat toitu süüa, on nad õnnelikumad, kui nende lastel on hea söök. Ise heade riiete kandmise asemel on nad rõõmsamad, kui nad saavad oma lapsed hästi riidesse panna. Samuti tahavad nad, et lapsed oleksid neist intelligentsemad. Nad tahavad, et teised tunnustaks ja armastaks nende lapsi. Kui me armastame oma ligimesi ja kõiki teisi taolise armastusega, valmistab see Isa Jumalake väga head meelt!

Aabraham taotles armastusest teiste kasu

Aabraham on hea näide sellest, kuidas ohvrimeelse armastuse ajel teiste huvid enese omadest ettepoole seada. Ta otsis omakasu asemel teiste kasu.

Kui Aabraham lahkus oma kodulinnast, tuli vennapoeg Lott

temaga ühes. Lott oli tänu Aabrahamile väga õnnistatud ja tal oli nii palju loomi, et Aabrahami ja Loti kariloomade ja loomakarjade jootmiseks ei piisanud vett. Vahel tekkisid mõlema osapoole karjuste vahel isegi tülid.

Aabraham ei tahtnud rahu rikkuda ja andis Lotile võimaluse esimesena valida, millisele maa poolele ta minna tahtis ja võttis enesele järelejäänud osa. Karja eest hoolitsemisel on kõige olulisem rohi ja vesi. Selles kohas, kus nad viibisid, ei olnud piisavalt palju rohtu ja vett kõigi kariloomade jaoks ja parema maa teisele andmine tähendas selles mõttes eluvajalikust loobumist.

Aabraham arvestas Lotiga nii palju, sest ta armastas teda väga. Aga Lott ei mõistnud tegelikult Aabrahami armastust ja valis omale lihtsalt parema maa, mis asus Jordani orus ja lahkus. Kas Aabraham tundis ebamugavust, kui ta nägi, kuidas Lott valis kõhlemata omale parema maa? Sugugi mitte! Ta oli õnnelik, et vennapoeg sai omale hea maa.

Jumal nägi Aabrahami head südant ja õnnistas teda veelgi rohkem kõikjal, kuhu ta läks. Ta sai väga rikkaks ja isegi selles piirkonnas elavad kuningad austasid teda. Siin kirjeldatu kohasel õnnistab Jumal meid kindlasti, kui me taotleme omakasu asemel esiteks teiste kasu.

Kui me anname midagi enesele kuuluvat oma lähedastele, tunneme me selle üle võimalikult suurt rõõmu. Niisugust rõõmu tunnevad vaid need, kes on andnud oma lähedastele midagi väga väärtuslikku. Jeesus tundis niisugust rõõmu. Niisugust suurimat rõõmu võib tunda siis, kui me arendame eneses täiusliku armastuse. Raske on anda neile, keda me vihkame, aga armastatud inimestele ei ole üldsegi raske anda ja andmine valmistab meile rõõmu.

Suurima rõõmu tundmiseks

Täiuslik armastus laseb meil suurimat õnne kogeda. Ja selleks, et meil oleks täiuslik armastus, mis oli Jeesusel, tuleb meil esiteks enese asemel teiste peale mõtelda. Meie eelistuseks peaks meie endi asemel olema meie ligimesed, Jumal, Isand ja kogudus ja kui me niimoodi teeme, kannab Jumal meie eest hoolt. Ta annab meile vastutasuks midagi paremat, kui me taotleme teiste inimeste kasu. Meie taevased tasud talletatakse Taevas. Sellepärast ütleb Jumal Apostlite tegudes 20:35: *„Õndsam on anda kui võtta!"*

Siin peaks meile üks asi selge olema. Me ei tohiks omale jumalariigi heaks ustavalt töötades oma füüsilise jõu piire ületades terviseprobleeme tekitada. Jumal tunnustab meie südant, kui me püüame oma piiride ulatuses ustavad olla. Aga meie füüsiline ihu vajab puhkust. Me peaksime ka oma hinge heaolu eest hoolt kandma ja palvetama, paastuma ning Jumala Sõna tundma õppima ning ei peaks vaid koguduse heaks töötama.

Mõned inimesed põhjustavad oma pereliikmetele või teistele inimestele ebasoodsaid olukordi või kahju, kuna nad kulutavad liiga palju aega religioosse või kogudusega seotud tegevuse peale. Näiteks, mõned inimesed ei saa oma töökohuseid paastumise tõttu kohaselt täita. Õpilased võivad oma õpingud pühapäevakooli tegevuses osalemise tõttu unarusse jätta.

Ülaltoodud juhtudel võivad nad arvata, et nad ei taotlenud omakasu, sest nad näevad ikkagi vaeva. Aga see ei ole tegelikult nii. Hoolimata sellest, et nad teevad Isanda heaks tööd, ei ole nad ustavad kogu Jumala koja üle ja see tähendab, et nad ei täida jumalalastena oma täiskohust. Lõppude-lõpuks taotlesid nad üksnes omakasu.

Kuid mida me peaksime tegema, et vältida kõiges omakasu taotlemist? Me peame Püha Vaimu peale toetuma. Püha Vaim, kes on Jumala süda, juhatab meid tõe sisse. Me võime elada Jumala auks uksnes siis, kui me teeme kõike Püha Vaimu juhatusel, täpselt nii nagu apostel Paulus ütles: *„Niisiis, kas te nüüd sööte või joote või teete midagi muud – tehke seda Jumala austamiseks!"* (1. Korintlastele 10:31).

Ülaltoodu kohaselt toimimiseks tuleb meil oma südames olevast kurjusest vabaneda. Lisaks, kui oma südames tõelist armastust arendada, tuleb meisse hea tarkus ja me suudame igas olukorras Jumala tahet eristada. Ülaltoodu kohaselt, kui meie hinge lugu on hea ja meil on hea tervis, saame me ka Jumalale täiuslikult ustav olla. Ka meie ligimesed ja pereliikmed armastavad meid.

Kui äsja abiellunud tulevad minu jutule, et ma neid palves õnnistaksin, palvetan ma alati, et nad otsiksid esiteks seda, mis on teisele osapoolele kasulik. Kui nad hakkavad omakasu taotlema, ei saa nad rahulikku perekonda.

Me võime taotleda armastatud inimeste või meie jaoks kasulike inimeste kasu. Aga kuidas on lood nendega, kes meie elu igas asjas raskeks tegid ja alati omakasu peal väljas olid? Ja kuidas on lood nendega, kes meile füüsilist või materiaalset kahju tekitasid või nendega, kes ei saa meile mingit vastuteenet osutada? Kuidas me käitume nende suhtes, kes tegutsevad vääralt ja räägivad kogu aeg kurje sõnu?

Kui me sellisel juhul lihtsalt väldime neid või ei taha nende eest end ohvriks tuua, tähendab see, et me taotleme ikkagi omakasu. Me peaksime olema eneseohverduseks suutelised ja andma järele ka neile, kelle mõtted erinevad meie omadest. Üksnes siis võib meid pidada vaimses armastuses elavaks inimeseks.

8. Armastus ei ärritu

Armastus muudab inimsüdamed positiivseks. Teisalt, viha muudab inimsüdame negatiivseks. Viha teeb südamele kahju ja muudab selle pimedaks. Seega, kui te vihastute, ei saa te Jumala armastuses elada. Peamised püünised, mida vaenlane kurat ja saatan jumalalaste ette seavad, on vihkamine ja viha.

Ärritumine ei tähenda lihtsalt vihastumist, karjumist, needmist ega midagi vägivaldset. Kui teie nägu moondub, kui teie näovärv muutub ja kui teie kõneviis muutub järsuks, on see kõik osaliselt ärrituse tõttu reageerimisest. Kuigi iga juhtum on erineva suurusjärguga, on tegu ikkagi südames oleva välise vihkamise ja vimmatunde väljendusega. Aga siis ei või me kellegi teise üle vaid välimuse alusel kohut mõista ega teisi hukka mõista ja vihaseks pidada. Kellegil ei ole teise inimese südamest lihtne täpselt aru saada.

Jeesus ajas kord ära templis müüjad. Kaupmehed seadsid Jeruusalemma templis oma lauad üles ja vahetasid raha või müüsid kariloomi inimestele, kes tulid sinna paasapüha pidama. Jeesus on väga tasane – Ta ei tülitse ega kisenda ja keegi ei kuule tänavatel Tema häält. Aga kui Ta seda vaatepilti nägi, muutus Ta suhtumine sootuks.

Ta tegi köiest piitsa ja ajas lambad, lehmad ja muud ohvriloomad välja. Ta ajas rahavahetajate ja tuvimüüjate lauad ümber. Kui ümbritsevad inimesed nägid taolist Jeesust, võisid nad Teda vihaseks pidada. Aga sel ajal ei olnud Ta vihane mingi vimmatunde nagu vihkamise tõttu. Ta oli õiglaselt nördinud. His Ta lasi meil oma õiglase nördimusega mõista, et Jumala Templi rüvetamise ebaõigsust ei saa sallida. Niisugune õiglane nördimus tuleb oma armastust õiglusega täiustava Jumala armastusest.

Erinevus õiglase nördimuse ja viha vahel

Markuse 3. peatükis tervendas Jeesus sünagoogis hingamispäeval kuivetunud käega mehe. Inimesed jälgisid Jeesust, et näha, kas Ta tervendab kedagi hingamispäeval, et Teda hingamispäeva rikkumises süüdistada. Sel ajal teadis Jeesus, mis neil inimestel südames oli ja Ta küsis: *„Kas hingamispäeval tohib teha head või halba, hinge päästa või tappa?"* (Markuse 3:4).

Nende kavatsused said ilmsiks ja neil ei olnud enam midagi selle peale kosta. Jeesus oli nende paadunud südamete tõttu vihane.

> *Ja vaadates neid vihaga ja tundes meelehärmi nende südamekanguse pärast, ütles Jeesus inimesele: „Siruta käsi!" Ja too sirutas, ja ta käsi sai jälle terveks* (Markuse 3:5).

Sel ajal püüdsid kurjad inimesed vaid häid tegusid tegevat Jeesust hukka mõista ja tappa. Seega vahel kasutas Jeesus nendega suheldes tugevaid väljendeid, et nad mõistaksid ja pöörduksid hävingu teelt. Samuti tuli Jeesuse õiglane nördimus Tema armastusest. See nördimus äratas vahel inimesed ja juhatas nad elama. Sel moel erineb ärritumine täielikult õiglasest nördimusest. Ainult siis, kui inimene on pühitsusele jõudnud ja temas ei ole pattu, annavad tema noomitused ja manitsused hingedele elu. Aga südame pühitsuseta ei saa inimene taolist vilja kanda.

Inimesed vihastuvad mitmel põhjusel. Esiteks, kuna inimeste ettekujutused ja soovitu erineb. Igaühel on erinev perekondlik taust ja haridus, seega nende süda ja mõtted ja otsustusstandardid erinevad. Aga nad püüavad teisi oma ettekujutustega sobitada ja selle käigus kogevad nad vimma.

Oletame, et abikaasale meeldib soolane toit, aga ta naisele see ei meeldi. Naine võib öelda: „Liiga palju soola ei ole su tervisele kasulik ja sa peaksid vähem soola tarbima." Ta annab seda nõu abikaasa tervise heaoluks. Aga kui abikaasa seda ei taha, ei tohiks ta peale käia. Nad peaksid leidma viisi, kuidas nad mõlemad alistuvad teineteisele. Nad võivad üheskoos seda teha püüdes õnneliku perekonna luua.

Teiseks, inimene võib vihastuda, kui teised ei kuula teda. Kui ta on vanem või kõrgemal positsioonil, tahab ta, et teised talle kuuletuksid. Muidugi on õige vanemaid austada ja kuuletuda neile, kes on hierarhia juhipositsioonidel, aga neil inimestel ei ole samuti õigust sundida endast alamal asuvaid inimesi endile kuuletuma.

On juhtumeid, kui kõrgemal asuv inimene ei kuula oma alluvaid üldsegi, vaid tahab ainult, et nad tema sõnu tingimusteta järgiksid. Mõnel puhul inimesed vihastuvad, kui nende elus esineb kaotust või neid koheldakse ebaausalt. Lisaks võib inimene vihastuda, kui inimesed kohtlevad teda põhjuseta halvakspanuga või kui asju ei tehta nõuete ega juhendite kohaselt või kui inimesed neavad või solvavad teda.

Enne kui inimesed vihastuvad, on nende südames esiteks

vimmatunne. Teiste sõnad või teod stimuleerivad neis taolisi tundeid. Lõpus tuleb erutustunne viha näol esile. Tavaliselt on niisuguse vimmatunde esinemine vihastumise esimene samm. Me ei saa Jumala armastuses olla ja meie vaimne kasv on tugevalt takistatud, kui me vihastume.

Me ei saa tõega muutuda, kuniks meil on vimmatunne ja me peame ärritumisele lõpu tegema ja igasugusest vihast vabanema. 1. Korintlastele 3:16 öeldakse: *„Eks te tea, et te olete Jumala tempel ja teie sees elab Jumala Vaim?"*

Saagem siis aru, et Püha Vaim suhtub meie südamesse nagu templisse ja et Jumal jälgib meid alati, et me ei ärrituks lihtsalt sellepärast, et mõned asjad ei ühti meie ettekujutusega.

Inimese viha ei pälvi Jumala õigust

Eliisa sai topeltkoguse oma õpetaja Eelija vaimu ja tegi temast rohkem Jumala väetegusid. Ta andis viljatule naisele eostumise õnnistuse, elustas surnu, tervendas pidalitõbiseid ja võitis vaenlase sõjaväe. Ta muutis joomiseks kõlbmatu vee selle sisse soola pannes joogiveeks. Aga ta suri haiguse tõttu, mis oli Jumala suure prohveti puhul haruldane.

Mis võis seda põhjustada? See juhtus, kui ta oli Peeteli poole teel. Rühm noorukeid tuli linnast ja heitis tema üle nalja, sest tal ei olnud palju juukseid ja tal ei olnud kõige soodsam väljanägemine. *„Tule üles, kiilaspea! Tule üles, kiilaspea!"* (2. Kuningate raamat 2:23).

Eliisa järel ei käinud mitte vaid paar, aga palju noormehi ja nad pilkasid teda. Eliisa tundis piinlikkust. Ta andis neile nõu ja tõreles nendega. Nad olid kangekaelsed ja tegid prohveti olemise raskeks ning see oli Eliisa jaoks talumatu.

Peetel oli pärast riigi lõhenemist otsekui Põhja-Iisraeli ebajumalakummardamise kodukoht. Selle piirkonna noorukitel olid tõenäoliselt ebajumalakummardamise keskkonnas oleku tõttu paadunud südamed. Tõenäoliselt nad tõkestasid Eliisa tee, sülitasid tema peale või pildusid teda isegi kividega. Lõpuks Eliisa needis neid. Metsast tulid kaks emakaru, kes tapsid kõik nelikümmend kaks poissi ära.

Muidugi tõmbasid nad iseendile jumalameest igasuguseid piire ületades pilgates õnnetuse kaela, aga see tõestab, et Eliisal oli vimmatunne. See ei ole tähenduseta tema haigusesse suremise suhtes. Me näeme siit, et jumalalastel ei ole õige ärrituda. *„Sest mehe viha ei soeta õigust Jumala ees"* (Jakoobuse 1:20).

Mitte ärrituda

Mida me peame tegema, et mitte vihastuda? Kas me peame selle enesevalitsuse abil alla suruma? Kui vedru tugevalt suruda, saab see suure tagasipõrkejõu ja põrkub selle pealt käe võtmise hetkel. Vihastumisega on samad lood. Kui see lihtsalt alla suruda, võib hetkeks konflikti vältida, aga lõpuks see lahvatab varem või hiljem. Seega me peame vihatundest vabanema, et mitte ärrituda. Me ei tohiks seda lihtsalt alla suruda, vaid peaksime muutma oma viha headuseks ja armastuseks, et me ei peaks mitte midagi alla suruma.

Muidugi ei saa me vimmatundest üleöö vabaks ega seda headuse ja armastusega asendada. Me peame pidevalt iga päev seda teha proovima. Esiteks tuleb meil provokatiivses olukorras see olukord Jumala hooleks jätta ja kannatlik olla. Öeldakse, et Ameerika Ühendriikide kolmanda Presidendi Thomas Jeffersoni kabinetti oli kirjutatud: „Kui sa oled vihane, loe enne rääkimist kümneni; kui sa oled väga vihane, siis loe sajani." Korea vanasõna ütleb, et „kolmekordne kannatlikkus peatab mõrva."

Kui me oleme vihased, peaksime me taanduma ja mõtlema, mis kasu me vihastumisest saame. Kui me sellega lõpule oleme jõudnud, ei ole me teinud midagi kahetsusväärset ega häbiväärset. Kui me püüame palvete ja Püha Vaimu abiga kannatlikud olla, vabaneme me peagi kurjast vihatundest. Kui me vihastusime varem kümme korda, kahaneb see arv üheksa ja siis kaheksa ja nii edasi peale. Hiljem on meil isegi provokatiivses olukorras ainult rahu. Me oleme siis väga õnnelikud!

Õpetussõnades 12:16 öeldakse: *„Rumala pahameel saab kohe teatavaks, aga tark katab solvangu kinni"* ja Õpetussõnades 19:11 öeldakse: *„Arukus teeb inimese pikameelseks ja temale on auks üleastumine andeks anda."*

„Viha" on vaid kukesammu kaugusel ohust. Me võime aru saada, kui ohtlik on vihastuda. Lõplik võitja on see, kes peab vastu. Mõned inimesed kontrollivad end kui nad on koguduses isegi vihatekitavates oludes, aga nad vihastuvad lihtsalt kodus, koolis või tööl. Jumal ei eksisteeri ainult koguduses.

Ta teab meie istumisi ja seismisi ja iga sõna, mida me räägime ja iga mõtet meie peas. Ta valvab meid kõikjal ja Püha Vaim elab meie südames. Seega me peame elama nii nagu me seisaksime kogu aeg Jumala ees.

Üks abielupaar vaidles ja vihane abikaasa karjus naise peale, et ta oma suu kinni hoiaks. Naine oli nii šokeeritud, et ta ei avanud oma suud enam kunagi, et rääkida, kuniks ta suri. Abikaasa, kes naise peal oma tundeid välja elas, kannatas seetõttu sama palju kui naine ise. Ärritumine võib valmistada inimestele kannatusi ja me peaksime igasugusest vimmatundest vabaneda üritama.

9. Armastus ei jäta meelde paha

Ma olen oma teenistuse käigus väga erinevate inimestega kohtunud. Mõned inimesed tunnevad Jumala armastust lihtsalt Tema peale mõteldes ja hakkavad nutma, aga teiste südames on mure, sest nad ei tunne Jumala armastust nii sügavalt oma südames, kuigi nad usuvad ja armastavad Teda.

Meie Jumala tundmise määr sõltub meie pattudest ja kurjast vabanemise määrast. Me võime tunda Jumala armastust oma südamepõhjas Jumala Sõna alusel elamise ja oma südames pattudest vabanemise määraga võrdselt ja meie usu kasv ei peatu. Vahel võivad meie usus liikumise käigus esineda raskused, aga neil aegadel tuleb meil meeles pidada meid kogu aeg ootava Jumala armastust. Niikaua kui meil Tema armastus meeles püsib, ei jäta me halba meelde.

Paha meeles pidamine

Endine Fulleri Teoloogiaseminari Psühholoogiateaduskonna dekaan dr Archibald D. Hart ütles oma raamatus Elu varjatud sõltuvustest tervenemine *Healing Life's Hidden Addictions*, et üks neljast Ameerika noorest on tugevas depressioonis ja et depressioon, narkootikumid, seks, Internet, alkohoolsed joogid ja suitsetamine hävitavad noorte inimeste elu.

Kui sõltlased lõpetavad mõtlemist, tundmist ja käitumist muutvate ainete kasutamise, võivad nad olla väheste või puuduvate toimetulekuoskustega. Sõltlane võib pöörduda muu sõltlaskäitumise poole, mis võib ajukeemiat vältimiseks manipuleerida. Niisuguste sõltlaskäitumiste hulka kuuluvad seks, armastus ja suhted (SAS). Nad ei saa mitte millestki tõelist rahuldust ja nad ei saa ka tunda Jumala osadusest tulevat armu ja rõõmu ja seega nad on tõsise haiguse küüsis, ütleb dr Hart. Sõltuvus on katse Jumala antud armu ja rõõmu asemel muudest asjadest rahulolu saada ja see tuleb Jumala ignoreerimisest. Sõltlane mõtleb põhiliselt kogu aeg kannatatud halva peale.

Aga mis on kogetud halb? See tähistab kõike kurja, mis ei ole Jumala tahtega kooskõlas. Kurja peale mõtlemist võib üldiselt kolmeks liigitada.

Esiteks, te mõte, mis soovib, et teistega midagi halba juhtuks.
Ütleme näiteks, et te tülitsesite kellegagi. Siis te vihkate teda nii palju, et te mõtlete järgmist: „Ma soovin, et ta komistaks ja kukuks." Samuti, ütleme, et teil ei olnud naabriga head suhted ja temaga juhtus midagi halba. Siis te mõtlete: „Paras talle!" või „Ma teadsin, et nii läheb!" Õpilaste puhul võib mõni õpilane soovida, et tema klassikaaslasel ei läheks eksamil hästi.

Kui teie sees on tõeline armastus, ei mõtleks te kunagi niimoodi. Kas te tahaksite, et teie armsamad jääksid haigeks või et nendega juhtuks õnnetus? Te tahate alati, et teie kallis naine või mees oleks terve ja ei sattuks mingisugusesse õnnetusse. Kuna meie südames ei ole armastust, tahame me, et teistega midagi valesti läheks ja me rõõmustame teiste ebaõnne üle.

Samuti tahame me teiste ülekohtuseid tegusid või nõrkusi teada ja neid levitada, kui meil pole armastust. Oletame, et te lähete koosolekule ja keegi räägib seal kellestki teisest halba. Kui teile pakub taoline vestlus huvi, tuleb teil oma südant kontrollida. Kui keegi laimaks teie vanemaid, kas te tahaksite seda pikemalt kuulata? Te käsiksite neil otsekohe lõpetada.

Muidugi on aegu ja juhtumeid, kus te peate teiste olukordi teadma, sest te tahate neid inimesi aidata. Aga kui asjad ei ole niimoodi ja kui teil on ikka huvi teiste kohta halva kuulamise vastu, on selle põhjuseks teie soov teisi laimata ja nende kohta kuulujutte rääkida. *„Kes üleastumise kinni katab, otsib armastust, aga kes seda meelde tuletab, lahutab ennast sõbrast"* (Õpetussõnad 17:9).

Need, kes on head ja kelle südames on armastus, püüavad teiste vigu kinni katta. Samuti, kui meil on vaimne armastus, ei tunne me armukadedust ega kadesta teisi, kui neil hästi läheb. Me tahame lihtsalt, et neil läheks hästi ja teised armastaksid neid. Isand Jeesus käskis meil isegi oma vaenlasi armastada. Roomlastele 12:14 öeldakse ka: *„Õnnistage oma tagakiusajaid, õnnistage ja ärge needke!"*

Kurja mõtte teine külg on teiste üle kohtumõistmine ja nende hukkamõistmine.

Oletame näiteks, et te nägite, kuidas teine usklik läks mingisse kohta, kuhu usklikud minema ei peaks. Missugused mõtted teil siis tekiksid? Teil kujuneks temast negatiivne arvamus, mis on teis oleva kurjusega võrdväärne ja te mõtleksite näiteks: „Kuidas ta võib niimoodi teha?" Või kui teis on mingisugust headust võite te mõtelda: „Miks ta niisugusesse kohta läheb?", aga siis te mõtlete teisiti ja arvate, et tõenäoliselt tal on selleks oma põhjus.

Aga kui teie südames on vaimne armastus, ei mõtle te esiteks üldsegi kurja. Isegi kui te kuulete midagi, mis ei ole hea, ei mõista te selle inimese üle kohut ega mõista teda hukka enne, kui te kontrollite kõik faktid üle. Enamasti, kui vanemad kuulevad laste kohta halba, kuidas nad reageerivad? Nad ei võta seda lihtsalt vastu, vaid toonitavad pigem, et nende lapsed ei teeks niimoodi. Nad arvavad, et inimene, kes taolisi asju räägib, on halb. Samamoodi, kui te tõesti armastate kedagi, püüate te temast kõige paremal viisil mõtelda.

Kuid tänapäeval me näeme, et inimesed mõtlevad teistest kurjalt ja räägivad neist väga lihtsalt halbu asju. See ei juhtu vaid isiklikes suhetes, aga inimesed kritiseerivad ka neid, kellel on ühiskondlik positsioon.

Nad ei püüa isegi kogupilti ega tegelikult juhtunut näha ja levitavad ikkagi alusetuid kuulujutte. Mõned inimesed sooritavad agressiivsete vastuste tõttu Internetis isegi enesetapu. Nad mõistavad teiste üle lihtsalt kohut ja mõistavad nad oma standardite alusel hukka, Jumala Sõna kasutamata. Aga mis on Jumala hea tahe?

Jakoobuse 4:12 on hoiatus: *„Ainult üks on seaduseandja ja kohtunik – Tema, kes võib nii päästa kui hukata. Aga kes oled sina, sa ligimese arvustaja?"*

Üksnes Jumal võib tegelikult kohut mõista. Jumal nimelt ütleb meile, et ligimese üle kohtumõistmine on kuri. Oletame, et keegi tegi selgelt midagi valesti. Selles olukorras ei ole vaimse armastusega inimeste jaoks oluline, kas sellel inimesel oli õigus või ta eksis selles, mida ta tegi. Nad lihtsalt mõtlevad selle peale, mis tollele inimesele tegelikult kasulik on. Nad tahavad lihtsalt, et selle inimese hingel läheks hästi ja et Jumal teda armastaks.

Lisaks, täiuslik armastus ei kata üksnes üleastumist, vaid aitab ka teisel inimesel meelt parandada. Me peaksime suutma tõde õpetada ja selle inimese südant puudutada, et ta võiks minna õiget teed pidi ja ennast muuta. Kui meis on täiuslik vaimne armastus, ei pea me üritama seda inimest headuse läbi näha. Me armastame loomuomaselt ka paljude üleastumistega inimest. Me tahame teda lihtsalt usaldada ja aidata. Kui meil ei ole teiste üle kohtumõistmise ega nende hukkamõistmise mõtteid, oleme me õnnelikud igaühega kohtudes.

Kolmas külg – kõik mõtted, mis ei ole Jumala tahtega kooskõlas.
Kurjade mõtete hulka ei kuulu üksnes teistest kurjalt mõtlemine, vaid igasugused mõtted, mis ei ole Jumala tahtega kooskõlas. Maailmas kutsutakse moraalistandardite ja südametunnistuse kohaselt elavaid inimesi headeks.

Aga moraal ega südametunnistus ei saa olla absoluutseks headuse standardiks. Neis mõlemis on palju Jumala Sõnale vastanduvat või täiesti sellele vastuolevat. Üksnes Jumala Sõna võib olla täielik headuse standard.

Need, kes võtavad Isanda vastu, tunnistavad, et nad on patused. Inimesed võivad tunda uhkust oma hea ja moraalse elu üle, aga nad on Jumala Sõna kohaselt ikka kurjad ja patused, sest kõik, mis ei ole Jumala Sõnaga kooskõlas, on kuri ja patune ja Jumala Sõna on absoluutne headuse standard (1. Johannese 3:4).

Mis on siis patu ja kurjuse erinevus? Üldisemas mõttes on nii patt ja kurjus väärus, mis läheb Jumala Sõna tõe vastu. Tegu on pimedusega, mis vastandub Jumalale, kes on valgus.

Kuid üksikasjalikumalt vaadeldes on nad teineteisest üsna erinevad. Kui neid puuga võrrelda, siis „kurjus" on nagu maa sees olev nähtamatu juur ja „patt" on nagu puu oksad, lehed ja viljad.

Juureta ei saa puul olla oksi, lehti ega vilju. Samamoodi, patt sünnib kurjuse tõttu. Kurjus on igaühe südames olev loomus. See on headuse, armastuse ja Jumala Sõna tõe vastu minev loomus. Kui taoline kurjus ilmneb teatud kujul, kutsutakse seda patuks.

Jeesus ütles: „*Hea inimene toob välja head oma südame heast tagavarast ja paha inimene toob pahast välja paha, sest ta suu räägib sellest, millest on tulvil ta süda*" (Luuka 6:45).

Oletame, et keegi ütleb midagi, mis teeb haiget inimesele, keda ta vihkab. Siis ilmneb tema südames olev kurjus „vihkamise" ja „kurjade sõnade" näol, mis on spetsiifilised patud. Patt saab teoks ja seda määratletakse Jumala Sõna standardi alusel, mis on Seaduseks.

Seaduseta ei saa keegi kedagi karistada, sest eristamise ja kohtumõistmise jaoks puudub standard. Samamoodi, patt ilmneb, kuna see on Jumala Sõna standardi vastane. Pattu võib liigitada lihalikeks asjadeks ja liha tegudeks. Lihalikud asjad on südames ja mõtetes tehtud patud, nagu vihkamine, kadedus, armukadedus, abielurikkuja meel, aga liha teod on patuteod nagu tülitsemine, turtsakusehood või tapmine.

See on veidi sarnane selle maailma pattudele või kuritegudele, mida liigitatakse ka erinevateks pattudeks. Näiteks, sõltuvalt sellest, kelle vastu kuritegu sooritatakse, kas see on riigi, rahva või üksikisiku vastane.

Aga isegi kui inimese süda on kuri, ei ole kindel, et ta pattu teeks. Kui ta kuulab Jumala Sõna ja tal on enesevalitsus, võib ta pattude tegemist vältida, isegi kui ta südames on kurjust. Selles staadiumis võib ta olla lihtsalt rahul ja mõtelda, et ta on juba pühitsusele jõudnud, kuna ta ei tee ilmselget pattu.

Aga täiele pühitsusele jõudmiseks tuleb meil meie südamepõhjas oleva loomuse kurjusest vabaneda. Inimloomuses on vanematelt päritud kurjus. See ei ilmne harilikult tavalistes oludes, vaid kerkib esile äärmuslikes oludes.

Korea kõnekäänd ütleb: „Igaüks, kes on kolm päeva näljas olnud, hüppaks naabri aiast üle." See on sama, mis ütlus: „Vajadus ei tunne seadust." Kuniks me jõuame täiele pühitsusele, võib meis varjatult olev kurjus äärmuslikes oludes ilmsiks tulla.

Kuigi kärbsekaka on äärmiselt tilluke, on see siiski kaka. Üsna sarnaselt, kuigi tegu ei ole patuga, on kõik täiusliku Jumala silmis ebatäiuslikud asjad ikkagi kurjuse liigid. Sellepärast öeldakse 1. Tessaloonikalastele 5:22: „...*hoiduge igasuguse kurja eest.*"

Jumal on armastus. Jumala käskusid võib peamiselt „armastusena" kokku võtta. Nimelt, armastuse puudumine on kuri ja seadusetu. Seega me võime mõtelda, kui palju meis armastust on, et kontrollida, kas me peame meeles kannatatud kurja. Me ei pea meeles kannatatud kurja võrdväärselt oma armastusega Jumala ja teiste hingede vastu.

Ja see on tema käsk, et me usuksime Tema Poja Jeesuse Kristuse nimesse ja armastaksime üksteist, nii nagu Tema meile on käsu andnud (1. Johannese 3:23).

Armastus ei tee ligimesele kurja. Nii on armastus Seaduse täitmine (Roomlastele 13:10).

Kannatatud kurja mitte meeles pidamine

Kõigepeal ei tohi me kannatatud kurja meeles pidamiseks isegi kurja näha ega kuulata. Isegi kui me juhtume seda nägema või kuulma, ei tohiks me seda meeles pidada ega sellest enam mõtelda. Me ei tohi seda mäletada. Muidugi, vahel ei pruugi me oma mõtete valitsemiseks suutelised olla. Mingi kindel mõte võib tugevalt esile kerkida, kuigi me püüame selle peale mitte mõtelda. Aga kui me püüame palve abil kurje mõtteid mitte omada, aitab meid Püha Vaim. Me ei tohiks kunagi tahtlikud kurja näha, kuulata ega sellele mõtelda ja lisaks peaksime me vabanema isegi oma meelest hetkeliselt läbisähvatavatest mõtetest..

Me ei tohiks ka mingis kurjas teos osaleda. 2. Johannese 1:10-11 öeldakse: „*Kui keegi tuleb teie juurde ega too seda õpetust, ärge võtke teda oma majja ja ärge öelge talle: 'Tere tulemast!' Sest kes talle ütleb: 'Tere tulemast!', saab osalejaks ta kurjades tegudes.*" Jumal annab meile nõu kurja vältida ja seda mitte vastu võtta.

Inimesed pärivad oma vanemate patuloomuse. Selles maailmas elades puutuvad inimesed väga paljude valedega kokku. Inimese iseloom või „minaolemus" moodustub patuloomuse ja valede alusel. Kristlik elu tähendab niisugusest patuloomusest ja valedest vabanemist Isanda vastuvõtmise hetkest alates. Patuloomusest ja valedest vabanemiseks on vaja väga palju kannatlikkust ja vaeva näha. Kuna me elame selles maailmas, oleme me valega rohkem kursis kui tõega. Valet vastu võtta ja seda enesesse võtta on suhteliselt palju lihtsam, kui sellest vabaneda. Näiteks, musta tindiga on lihtne valget kleiti määrida, aga väga raske on plekki eemaldada ja kleiti uuesti täiesti valgeks teha.

Samuti, isegi kui näib, et tegu on väga väikese kurjusega, võib see hetkega suureks muutuda. Nii nagu Galaatlastele 5:9 öeldakse: *„Pisut haputaignat teeb kogu taigna hapuks,"* väheke kurja võib väga kiirelt paljude inimesteni levida. Seega meil tuleb isegi vähese kurja suhtes ettevaatlik olla. Selleks, et kurjast mitte mõtelda, tuleb meil seda jäägitult vihata. Jumal käsib meil *„Teie, kes armastate Isandat, vihake kurja!"* (Laul 97:10) ja õpetab meile, et *„Isanda kartus on kurja vihkamine"* (Õpetussõnad 8:13).

Kui te armastate kedagi kirglikult, meeldib teile see, mis sellele inimeselegi ja te vihkate seda, mida tema vihkab. Te ei vaja selleks põhjust. Kui Püha Vaimu saanud jumalalapsed teevad pattu, ägab Püha Vaim neis. Seega, nad tunnevad oma südames piina. Siis saavad nad aru, et Jumal vihkab neid asju, mida nad tegid ja nad püüavad pattu enam mitte teha. Tähtis on isegi väikestest kurjavormidest vabaneda ja kurja enam mitte vastu võtta.

Varustuge Jumala Sõna ja palvega

Kurjus on väga kasutu. Õpetussõnades 22:8 öeldakse: *„Kes külvab ülekohut, lõikab viletsust."* Meid või meie lapsi võivad tabada haigused või me võime õnnetustesse sattuda. Me võime elada vaesuse ja pereprobleemide tõttu kurvalt. Kõik need probleemid tulevad lõppude-lõpuks kurjusest.

> *Ärge eksige: Jumal ei lase ennast pilgata, sest mida inimene iganes külvab, seda ta ka lõikab* (Galaatlastele 6:7).

Muidugi ei pruugi probleemid kohe meie nähes ilmneda. Sel juhul, kui kurjus teatud määral koguneb, võivad tekkida meie lapsi hiljem mõjutavad probleemid. Kuna maailmalikud inimesed ei mõista niisugust reeglit, teevad nad paljudel eri viisidel palju kurje asju.

Näiteks, nende arvates on normaalne neile kahju teinud inimestele kätte maksta. Aga Õpetussõnades 20:22 öeldakse: *„Ära ütle: „Ma tasun kätte kurja eest!" Oota Isandat, küll Tema aitab sind!"*

Jumal valitseb oma õiguse kohaselt inimkonna elu, surma, õnne ja ebaõnne. Seega, kui me teeme Jumala Sõna kohaselt head, lõikame me kindlasti headuse vilja, nii nagu lubatakse 2. Moosese raamatus 20:6, kus öeldakse: *„...aga kes heldust osutab tuhandeile neile, kes mind armastavad ja mu käske peavad!"*

Selleks, et kurjast hoiduda, tuleb kurja vihata. Ja selle lisaks peab meil kogu aeg olema küllaldane kahe asja – Jumala Sõna ja palve varu. Kui me mõtiskleme päeval ja ööl Jumala Sõna üle, võime me kurjad mõtted eemale ajada ja meil võivad olla vaimsed ja head mõtted. Me võime aru saada, missugune tegu on tõelise armastuse tegu.

Samuti, kui me palvetame, mõtiskleme me veelgi põhjalikumalt Jumala Sõna üle, seega me võime oma sõnades ja tegudes olevast kurjusest aru saada. Kui me palvetame Püha Vaimu abil innukalt, võime me kurjust valitseda ja sellest oma südames vabaneda. Vabanegem kurjusest kiiresti Jumala Sõna ja palve abil, et me võiksime elada õnnelikku elu.

10. Armastus ei tunne rõõmu ebaõiglusest

Mida arenenum ühiskond, seda suurem on ausate inimeste eduvõimalus. Vastupidi, vähem arenenud maad kalduvad suurema korruptsiooni suunas ja peaaegu kõike võib saada või teha raha abil. Korruptsiooni kutsutakse rahvaste haigusesks, sest see on maa rikkusega seotud. Korruptsioon ja ebaõiglus mõjutavad suurel määral ka üksikisikute elu. Isekad inimesed ei saa tõelist rahuldust, sest nad mõtlevad vaid iseenese peale ja ei suuda teisi armastada.

Ebaõigluse üle rõõmu mitte tundmine ja kannatatud kurja mitte meeles pidamine on üsna sarnased. „Kannatatud kurja mitte meeles pidamine" tähendab, et inimese südames ei ole kurjust. „Ebaõigluse üle rõõmu mitte tundmine" tähendab, et inimesel ei ole head meelt häbiväärsest või vääritust käitumisest, tegevusest või kommetest ja ta ei osale neis.

Oletame, et kadestate oma rikast sõpra. Samuti on ta teile ebameeldiv, sest ta paistab alati oma rikkusega kiitlevat. Te võite mõtelda ka midagi sarnast: „Ta on rikas. Aga kuidas on lood minuga? Ma loodan, et ta läheb pankrotti!" See on kuri mõtlemine. Aga ühel päeval keegi petab teda ja ta ettevõte pankrotistub päevaga. Kui teil on siis hea meel ja te mõtlete: „Ta kiitles oma rikkuse üle, paras talle!", siis see tähendab, et tunnete ebaõiglusest head meelt või rõõmustate selle üle. Lisaks, kui te osalete niisuguses töös, tähendab see, et te tunnete elavalt ülekohtu üle rõõmu.

On olemas üleüldine ebaõiglus, mida isegi uskmatud peavad

ebaõiglaseks. Näiteks, mõned kuhjavad oma rikkust ebaausalt pettuse või teiste jõuga ähvardamise teel. Inimene võib rikkuda maa määrusi või seadusi ja võtta midagi omakasu saamiseks vastu. Kui kohtunik langetab pärast altkäemaksu saamist ebaõiglase otsuse ja süütut inimest karistatakse, on see igaühe arvates ebaõiglane. See tähendab, et ta kasutab oma kohtuniku meelevalda vääralt.

Kui keegi müüb midagi, võib ta koguse või kvaliteedi suhtes petta. Ta võib müüa odavaid vähekvaliteetseid tooraineid, et lubamatut tulu saada. Ta ei mõtle teiste peale, vaid üksnes oma lühiajalise kasu peale. Ta teab, mis on õige, aga ei kõhkle teisi petmast, sest tal on ebaõiglase raha üle hea meel. Tegelikult on väga palju inimesi, kes petavad teisi ebaõiglase kasu saamiseks. Aga kuidas on lood meiega? Kas me võime end puhtaks pidada?

Oletame, et juhtus midagi sellesarnast. Te olete riigiametnik ja saite teada, et teie lähedane sõber teenib mingi tegevusega ebaseaduslikult suure rahasumma. Kui ta vahele jääb, karistatakse teda karmilt ja see sõber annab teile suure rahasumma, et te vaikiksite ja ignoreeriksite teda mingi aja jooksul. Ta ütleb, et ta annab teile hiljem veelgi suurema rahasumma. Sel ajal on teie perekond hädaolukorras ja teil on seda suurt rahasummat vaja. Aga kuidas te toimiksite?

Kujutame ette teistsugust olukora. Ühel päeval kontrollisite te oma pangakontot ja teil on arvatust rohkem raha. Te saite teada, et maksudeks minevat rahasummat ei võetud arvelt maha. Kuidas te sellisel juhul reageeriksite? Kas teil oleks hea meel mõttest, et see on nende süü ja teie ei vastuta selle eest?

2. Ajaraamatus 19:7 öeldakse: *„Nüüd siis valitsegu teid Isanda kartus! Pange tähele, mida te teete, sest Isanda, meie Jumala juures ei ole ülekohut, erapoolikust ega meelehea võtmist!"* Jumal on õiglane. Temas ei ole üldsegi mingit ebaõiglust. Me võime inimeste silme eest varjul olla, aga me ei saa Jumalat petta. Seega me peame vaid jumalakartusest õieti ja ausalt toimima.

Vaatleme Aabrahami juhtumit. Kui Aabrahami Soodomas elav vennapoeg võeti sõjavangi, ei toonud Aabraham tagasi üksnes oma vennapoega, vaid kõik kinnivõetud ja nende vara. Soodoma kuningas tahtis näidata oma tänulikkust ja Aabrahamile anda mõned asjad, mis ta kuningale tagasi tõi, aga Aabraham ei võtnud neid vastu.

> *Kuid Aabram ütles Soodoma kuningale: „Ma tõstan oma käe üles Isanda, kõige kõrgema Jumala poole, kes on taeva ja maa Looja, et ma ei võta lõngaotsa ega jalatsipaelagi kõigest sellest, mis on sinu oma, et sa ei saaks öelda: Mina olen Aabrami rikkaks teinud!"* (1. Moosese raamat 14:22-23).

Kui ta naine Saara suri, pakkus maaomanik talle matusepaika, aga ta ei võtnud seda vastu. Ta maksis selle eest ausa hinna. Ta tegi niimoodi, sest ta ei tahtnud, et tulevikus maa saatuse üle vaieldaks. Ta toimis nii, sest ta oli aus inimene ja ei tahtnud teenimatut kasu ega ebaõiglast tulu saada. Kui ta oleks rahalist kasu taotlenud, oleks ta otsustanud enese jaoks kõige tulusama variandi kasuks.

Need, kes armastavad Jumalat ja keda Jumal armastab, ei tee kunagi kellelegi kahju ega taotle maa seadust rikkudes omakasu. Nad ei oota mitte kellegi käest enam, kui nad oma ausa tööga väärivad. Ülekohtu üle rõõmustajad ei armasta Jumalat ega oma ligimesi.

Ülekohus Jumala arvates

Isandas erineb ülekohus veidi ülekohtu tavaarusaamast. See ei tähenda vaid seaduserikkumist ja teiste kahjustamist, vaid ükskõik millist ja igasugust pattu, mis Jumala Sõna vastu läheb. Kui südames olev kurjus tuleb teatud kujul esile, on tegu patuga ja see on ülekohtune. Paljude pattude seast tähistab esmajoones ülekohus liha tegusid.

Nimelt vihkamine, kadedus, armukadedus ja muu inimsüdames olev kurjus teostub tegudes nagu tülid, riid, vägivald, petuskeemid ja tapmine. Piiblis öeldakse, et ülekohtutegijatel on isegi raske pääseda.

1. Korintlastele 6:9-10 öeldakse: *„Või te ei tea, et ülekohtused ei päri Jumala riiki? Ärge eksige: ei kõlvatud ega ebajumalateenijad, ei abielurikkujad ega lõbupoisid ega meestepilastajad, ei vargad ega ahned, ei joodikud ega pilkajad ega riisujad päri Jumala riiki!"*

Aakan oli üks niisugune inimene, kes armastas ebaõiglust, mis hävitas ta lõpuks. Ta oli väljarände teise sugupõlve seast ja nägi ja kuulis lapsepõlvest saadik, mida Jumal oma rahva heaks tegi. Ta nägi neid juhatanud pilvesammast päeval ja tulesammast öösel. Ta nägi, kuidas Jordani jõe tulvaveed lakkasid voolamast ja vallutamatu Jeeriko linn langes hetkega. Ta teadis väga hästi oma juhi Joosua käsku, mis keelas Jeeriko linnas olevast midagi võtta, sest see toodi Jumalale ohvriks.

Aga sel hetkel, kui ta nägi Jeeriko linnas olevat, kaotas ta ahnuse tõttu aru. Ta oli kaua kõrbes kasinat elu elanud ja linnas leiduv tundus talle väga ilus. Hetkel, kui ta nägi ilusat kuube ja kuld-ja hõbetükke, unustas ta Jumala Sõna ja Joosua käsu ja peitis nad enese jaoks ära.

Aakani Jumala käsust üleastumise patu tõttu surid järgmises lahingus paljud iisraellased. Aakani ebaõiglus sai kaotuse kaudu ilmsiks ja ta visati kogu ta perega kividega surnuks. Kividest tehti kuhila ja see koht nimetati Aakori oruks.

Samuti, vaadake 4. Moosese raamatu 22.-24. peatükki. Bileam oli mees, kes suutis Jumalaga suhelda. Ühel päeval palus Moabi kuningas Baalak tal Iisraeli rahvast needa. Seega, Jumal ütles Bileamile: *„Ära mine koos nendega, sa ei tohi needa seda rahvast, sest ta on õnnistatud!"* (4. Moosese raamat 22:12).

Pärast Jumala Sõna kuulmist keeldus Bileam Moabi kuninga palvet täitmast. Aga kui kuningas saatis talle kulda ja hõbedat ja palju aardeid, hakkas ta vankuma. Lõpuks pimestasid aarded ta ja ta õpetas kuningale, kuidas Iisraeli rahvas lõksu püüda. Mis oli selle tulemus? Iisraeli pojad sõid ebajumalatele ohverdatud toitu ja rikkusid abielu, tuues endile sellega suure viletsuse ja lõpuks tapeti Bileam mõõga läbi. See oli tema ebaõiglase tulu armastamise tulemus.

Ebaõiglus on Jumala silmis otseselt seotud pääsemisega. Kui me näeme, et meie usuvennad ja –õed käituvad ülekohtuselt nagu maailma uskmatud, mida me tegema peaksime? Muidugi tuleb meil nende tõttu leinata, palvetada nende eest ja aidata neil Jumala Sõna alusel elada. Aga mõned usklikud kadestavad neid inimesi, mõteldes: „Ma tahan ka nende moodi lihtsamat ja mugavamat kristlase elu elada." Lisaks, kui te nende tegudest osa saate, ei saa öelda, et te Isandat armastaksite.

Jeesus oli süütu ja suri meie – ebaõiglaste inimeste eest, et meid Jumala juurde tuua (1. Peetruse 3:18). Kui me mõistame seda suurt Isanda armastust, ei või me iialgi ebaõigluse üle rõõmu tunda. Need, kes ei tunne ülekohtust rõõmu, ei väldi vaid ülekohtu tegemist, vaid nad elavad aktiivselt Jumala Sõna alusel. Siis saavad nad Jumala sõpradeks ja elavad edukalt (Johannese 15:14).

11. Armastus rõõmustab tõe üle

Johannes, üks Jeesuse kaheteistkümnest jüngrist, pääses märtrisurmast ja elas, kuni ta suri kõrges eas, viies paljudele Jeesuse Kristuse evangeeliumi ja Jumala tahet neile teatavaks tehes. Üks asjadest, mis talle ta viimaste aastate jooksul head meelt tegi, oli kuuldus selle kohta, et usklikud püüdsid Jumala Sõna tõe alusel elada.

Ta ütels: *„Ma ju rõõmustasin väga, kui vennad tulid ja andsid tunnistust sinu elamisest tões, nii nagu sa käidki tões. Mul pole millestki suuremat rõõmu, kui kuulda oma lapsi käivat tões"* (3. Johannese 1:3-4).

Me võime tema rõõmuküllust näha ta väljendusest: „Ma ju rõõmustasin väga." Ta oli varem keevaline ja teda kutsuti noorena isegi kõuepojaks, aga kui ta muutus, kutsuti teda armastuse apostliks.

Kui me armastame Jumalat, ei tee me ülekohut ja me elame sellele lisaks tõe kohaselt. Me tunneme ka tõe üle rõõmu. Tõde tähistab Jeesust Kristust, evangeeliumi ja kõiki Piibli 66 raamatut. Need, kes armastavad Jumalat ja keda Ta armastab, rõõmustavad kindlasti Jeesuse Kristuse ja evangeeliumi üle. Nad rõõmustavad jumalariigi laienemise üle. Aga mida tähendab tõe üle rõõmustamine?

Esiteks tähendab see „evangeeliumi" üle rõõmustamist.

„Evangeelium" on rõõmusõnum, et me oleme päästetud Jeesuse Kristuse kaudu ja läheme taevariiki. Paljud otsivad tõde ja esitavad küsimusi nagu: „Mis on elumõte? Mis on väärtuslik elu?" Neile küsimustele vastuste saamiseks uurivad nad ideid ja filosoofiat või püüavad eri religioonidest vastuseid leida. Aga tõde on Jeesus Kristus ja keegi ei saa ilma Jeesuse Kristuseta Taevasse minna. Sellepärast ütles Jeesus: *„Mina olen tee ja tõde ja elu. Ükski ei saa minna Isa juurde muidu kui minu kaudu"* (Johannese 14:6).

Me saime päästetud ja igavese elu osaliseks, kui me võtsime Jeesuse Kristuse vastu. Me saime Isanda vere kaudu oma patud andeks ja läksime põrgust Taevasse. Nüüd mõistame me elu tähendust ja elame väärtuslikku elu. Seega on väga loomulik, et me tunneme evangeeliumi üle rõõmu. Need, kes tunnevad evangeeliumist rõõmu, jagavad seda usinalt ka teistega. Nad täidavad oma Jumalalt saadud ülesanded ja töötavad usinalt, et evangeeliumi levitada. Samuti rõõmustavad nad, kui nende hinged kuulevad evangeeliumi ja saavad Isanda vastuvõtmise järgselt päästetud. Nad rõõmustavad, kui jumalariik laieneb. *„[Jumal] tahab, et kõik inimesed pääseksid ja tuleksid tõe tundmisele"* (1. Timoteusele 2:4).

Aga leidub usklikke, kes on teiste peale kadedad, kui nad kuulutavad paljudele evangeeliumi ja kannavad head vilja. Mõned kogudused on teiste koguduste peale kadedad, kui need kasvavad ja austavad Jumalat. See ei ole tõe üle rõõmustamine. Kui meie südames on vaimne armastus, me tunneme jumalariigi suurt teostumist nähes rõõmu. Me rõõmustame teistega, kui me näeme kogudust, mis kasvab ja mida Jumal armastab. Niisugune on tõe üle rõõmustamine või evangeeliumi üle rõõmu tundmine.

Teiseks, tõe üle rõõmustamine tähendab, et me tunneme rõõmu kõige üle, mis on tõene.

See tähendab rõõmustamist tõeseid asju nagu headust, armastust ja õiglust nähes, kuuldes ja tehes. Tõe üle rõõmustajad tunnevad meeleliigutust ja valavad pisaraid isegi siis, kui nad kuulevad väikestest heategudest. Nad tunnistavad, et Jumala Sõna on tõene ja on magusam kui kärjemesi. Seega, nad rõõmustavad jutlusi kuulates ja Piiblit lugedes. Lisaks rõõmustavad nad Jumala Sõna tegemise üle. Nad kuuletuvad rõõmuga Jumala Sõnale, kus meid käsitakse „teenida, aru saada ja andestada" ka neile, kes nende elu raskeks teevad.

Taavet armastas Jumalat ja tahtis ehitada Jumala Templit. Aga Jumal ei lasknud tal seda teha. Põhjus on kirja pandud 1. Ajaraamatus 28:3. *„Aga Jumal ütles mulle: Sina ära ehita mu nimele koda, sest sa oled sõjamees ja oled verd valanud!"* Taaveti jaoks oli verevalamine vältimatu, sest ta oli paljudes sõdades, aga Jumala arvates ei olnud Taavet niisuguse ülesande jaoks kohane.

Taavet ei saanud templit ise ehitada, aga valmistas kõik ehitusmaterjalid ette, et tema poeg Saalomon saaks seda ehitada. Taavet valmistas kogu oma jõust materjalid ette ja üksnes selle tegemine valmistas talle ülevoolavat rõõmu. *„Ja rahvas rõõmustas nende vabatahtlike andide pärast, sest nad olid rõõmsa südamega Isandale ande andnud; ja kuningas Taavetki oli väga rõõmus"* (1. Ajaraamat 29:9).

Sarnaselt, tõe üle rõõmustajatel läheb hästi. Nad ei ole kadedad. Nende jaoks on kujuteldamatu mõtelda kurja nagu „midagi peaks selle inimesega valesti minema" või leida rahulolu teiste inimeste ebaõnnest. Kui nad näevad, et midagi ebaõiglast sünnib, nad leinavad seetõttu. Samuti suudavad tõe üle rõõmustajad armastada headusega, muutumatu südame, tõe ja meelepuhtusega. Nad rõõmustavad heade sõnade ja heade tegude üle. Ka Jumal rõõmustab nende üle rõõmuhõisetega, nagu kirjutatakse Sefanja 3:17: „*Isand, sinu Jumal, on su keskel, kangelane, kes aitab. Ta rõõmustab sinu pärast väga, Ta uuendab oma armastust sinuga, Ta tunneb hõisates sinust rõõmu.*"

Isegi kui te ei suuda tõe üle kogu aeg rõõmustada, ei pea te julgust kaotama ega pettuma. Kui te püüate enesest parimat anda, peab armastuse Jumal ka seda püüdu „tõe üle rõõmustamiseks."

Kolmandaks, tõe üle rõõmustamine tähendab Jumala Sõna uskumist ja selle kohaselt elada püüdmist.

Harva võib leida kedagi, kes rõõmustaks tõe üle algusest peale. Me võime kurja peale mõtelda või ka ülekohtu üle rõõmu tunda meis oleva pimeduse ja väärusega võrdeliselt. Aga kui me muutume vähehaaval ja vabaneme kogu oma südames olevast väärusest, võime me täiesti tõe üle rõõmustada. Selle ajani tuleb meil väga palju vaeva näha.

Näiteks, igaühel ei ole hea meel ülistusteenistustel osalemise üle. Vastpöördunud või nõrga usuga inimesed võivad tunda väsimust või nende süda võib soovida midagi muud teha. Nad võivad mõtiskleda pesapallimängu tulemuste üle või närveerida oma homse töökoosoleku pärast.

Kuid pühamusse tulek ja ülistusteenistusel osalemine on Jumala Sõnale kuuletuda püüdev tegu. See tähendab tõe üle rõõmu tundmist. Miks me niimoodi teha püüame? Me teeme seda pääsemiseks ja Taevasse minekuks. Kuna ma kuulsime tõesõna ja usume Jumalat, me usume ka kohtumõistmise, Taeva ja põrgu olemasolu. Kuna me teame, et Taevas on erinevad tasud, me püüame veelgi usinamalt pühitsusele jõuda ja kogu Jumala kojas ustavalt tööd teha. Kuigi me ei pruugi tõe üle sajaprotsendiliselt rõõmustada, tunneme me selle üle rõõmu, kui me anname endast parima oma usumõõdu kohaselt.

Nälg ja janu tõe järele

Meie jaoks peaks tõe üle rõõmu tundmine väga loomulik olema. Üksnes tõde toob meile igavese elu ja võib meid täiesti muuta. Kui me kuuleme tõde, nimelt evangeeliumi ja teeme selle kohaselt, saame me igavese elu ja meist saavad tõelised jumalalapsed. Kuna me oleme täis taevariigi lootust ja vaimset armastust, särab meie nägu rõõmust. Samuti, me oleme õnnelikud tõeseks muutumise määraga võrdselt, sest Jumal armastab ja õnnistab meid ja ka paljud inimesed armastavad meid.

Me peaksime alati tõe üle rõõmustama ja lisaks peaks meil olema nälg ja janu tõe järele. Kui teil on nälg ja janu, tahate te kogu südamest süüa ja juua. Kui me igatseme tõe järele, tuleb meil seda kogu südamest igatseda, et me võiksime kiiresti tõeinimeseks muutuda. Meil tuleb elada elu, kus me alati sööme ja joome tõde. Mida tähendab tõe söömine ja joomine? See tähendab, et me peame Jumala tõesõna oma südames ja teeme selle kohaselt.

Kui me seisame kellegi ees, keda me väga armastame, on raske varjata oma näost välja paistvat rõõmu. Samamoodi on Jumala armastamise puhul. Just praegu ei suuda me Jumalat palgest palgesse näha, aga kui me Jumalat tõeliselt armastame, on seda väliselt näha. See tähendab, et kui me lihtsalt näeme ja kuuleme midagi tõest, teeb see meid rõõmsaks ja õnnelikuks. Meie rõõmsat ilmet märkavad ka meid ümbritsevad inimesed. Me valame lihtsalt Jumala ja Isanda peale mõteldes tänupisaraid ja meie südant liigutavad ka väikesed heateod.

Headusega kaasnevatest pisaratest, nagu tänupisaratest ja leinapisaratest teiste hingede pärast saavad hiljem igaühe taevast koda kaunistavad ilusad kalliskivid. Rõõmustame siis tõega, et meie elud oleksid täis tõendusi sellest, et Jumal armastab meid.

Vaimse armastuse tunnusjooned II

6. Ta ei käitu näotult
7. Ta ei otsi omakasu
8. Ta ei ärritu
9. Ta ei jäta meelde paha
10. Tal ei ole rõõmu ülekohtust
11. Ta rõõmustab tõe üle

12. Armastus lepib kõigega

Kui me võtame Jeesuse Kristuse vastu ja püüame Jumala Sõna alsuel elada, tuleb meil palju asju taluda. Meil tuleb taluda provokatiivseid olukordi. Meil tuleb ka rakendada enesevalitsust, et me ei järgiks omaenese soove. Sellepärast öeldakse armastust iseloomustades esimesena, et armastus on kannatlik.

Kannatlikkus tähendab inimese siseheitlust, kui ta püüab oma südames olevast väärusest vabaneda. „Kõigi asjade talumine" on laiema tähendusega. Kui me arendame oma südames kannatlikkuse abil tõde, tuleb meil taluda igasuguseid vaevu, mis meid teiste inimeste tõttu tabavad. Eriti tähendab see kõigi vaimse armastusega mitte kooskõlas olevate asjade talumist.

Jeesus tuli maa peale patuseid päästma, aga kuidas inimesed kohtlesid Teda? Ta tegi ainult head, ometi inimesed pilkasid Teda, ei pööranud Talle tähelepanu ja eirasid Teda. Lõpuks nad lõid Ta risti. Sellest hoolimata talus Jeesus kõike seda, mida inimesed Talle tegid ja palvetas pidevalt nende eest. Ta palvetas nende eest ja ütles: *„Isa, anna neile andeks, sest nad ei tea, mida nad teevad!"* (Luuka 23:34).

Miks Jeesus talus kõike ja armastas inimesi? Igaüks, kes võtab Jeesuse oma Päästjaks vastu, võib nüüd pääseda ja jumalalapseks saada. Me saime vabaks surmast ja läksime igavesse ellu.

Korea kõnekäänus öeldakse: „Terita nõela tegemiseks kirvest." See tähendab, et me võime igasuguse raske ülesandega kannatlikkuse ja vastupidavusega toime tulla. Kui palju aega ja vaeva on vaja näha, et terava nõela tegemiseks teraskirvest teritada? See näib kindlasti üsna võimatu ülesanne olevat ja paljud võivad mõtelda: „Miks mitte kirves nõelte ostmiseks maha müüa?"

Aga Jumal on tahtlikult niisuguse vaevarikka töö enese peale võtnud, sest Ta valitseb meie vaimu. Jumal on pikameelne ja on meiega alati kannatlik, osutades meile halastust ja armastavat lahkust lihtsalt seetõttu, et Ta armastab meid. Ta pügab ja lihvib inimesi ka siis, kui nende südamed on paadunud ja otsekui terasest. Ta ootab iga inimest, et nad muutuksid Ta tõelisteks lasteks ka siis, kui see inimene ei näi selleks mingit potentsiaali omavat.

Rudjutud roogu ei murra Ta katki ja hõõguvat tahti ei kustuta Ta ära, kuni Ta on õigusele võidu saatnud (Matteuse 12:20).

Isegi tänapäeval talub Jumal igasugust valu, mis tuleb inimeste tegude nägemisest ja ootab nende järele rõõmuga. Ta on inimestega kannatlik olnud ja oodanud nende heaks muutumist, hoolimata sellest, et nad on tuhandete aastate jooksul kurjalt käitunud. Isegi kui nad pöörasid oma selja Jumala poole ja teenisid ebajumalaid, lasi Jumal neil näha, et Ta on tõene Jumal ja oli nendega usu läbi pikameelne. Kui Jumal ütleks: „Te olete täis ülekohut ja abitud. Ma ei suuda teid enam välja kannatada," siis kui paljud pääseksid?

Nii nagu öeldakse Jeremija 31:3: „*Ma olen sind armastanud igavese armastusega, seepärast jääb mu osadus sinuga,*" Jumal juhatab meid selle igavese lõpmatu armastusega.

Ma olen oma suure koguduse pastorina teenimise ajal mingil

määral taolisest Jumala kannatlikkusest aru saada suutnud. On inimesi, kellel oli palju üleastumisi või puudujääke, aga ma nägin neid alati Jumala südant tundes ususilmadega ja uskusin, et nad ühel päeval muutuvad ja toovad Jumalale au. Kui ma olin nendega korduvalt kannatlik, kasvasid paljud koguduseliikmed headeks juhtideks.

Iga kord unustasin ma peagi aja, mil ma neid kannatlikult taluma pidin ja tundsin, et see oli vaid hetkeline. 2. Peetruse 3:8 kirjutatakse: *„Aga selle juures, mu armsad, ärgu jäägu teie eest varjule, et Isanda juures on üks päev nagu tuhat aastat ja tuhat aastat nagu üks päev"* ja ma sain aru selle salmi tähendusest. Jumal talub kõike väga kaua ja Ta peab sellegipoolest seda aega vaid üürikeseks hetkeks. Mõistkem seda Jumala armastust ja armastagem sellega kõiki end ümbritsevaid inimesi.

13. Armastus usub kõike

Kui tõesti kedagi armastada, usutakse sellest inimesest kõike. Isegi kui sellel inimesel on puudujääke, püüate te ikkagi teda uskuda. Abielumees ja tema naine on seotud armastusesidemega. Kui abielupaaril ei ole armastust, tähendab see nendevahelise usalduse puudumist ja seega nad tülitsevad iga asja pärast ja kahtlevad kõiges, mis nende abikaasat puudutab. Tõsistel juhtudel on neil truudusetuse pettekujutelmad ja nad tekitavad teineteisele füüsilist ja vaimset valu. Kui nad tõesti teineteist armastaksid, usaldaksid nad teineteist täielikuld ja usuksid, et nende abikaasa on hea inimene ja kõik läheb lõpuks hästi. Siis muutub nende abikaasa usu läbi oma valdkonnas suurepäraseks või on oma tegevuses edukas.

Usaldus ja usk võivad olla armastuse mõõtmise standardiks. Seega, täielik usk Jumalasse tähendab Tema täielikku armastamist. Usuisa Aabrahami kutsuti Jumala sõbraks. Aabraham kuuletus kõhklemata, kui Jumal käskis ta oma ainus poeg Iisak ohvriks tuua. Ta suutis seda teha, sest ta uskus Jumalat täielikult. Jumal nägi Aabrahami usku ja tunnustas ta armastust.

Armastamine tähendab uskumist. Need, kes Jumalat täiesti armastavad, usuvad ka Teda täiesti. Nad usuvad kõiki Jumala Sõnu sajaprotsendiliselt. Ja kuna nad usuvad kõike, nad taluvad ka kõike. Selleks, et kõiki armastuse vastu minevaid asju taluda, tuleb meil uskuda. Me võime nimelt üksnes siis, kui me usume kõiki Jumala Sõnu, loota kõike ja kõigest armastusele vastukäivast vabanemiseks oma südant ümber lõigata.

Muidugi ei tähenda see kitsamalt võetuna, et me uskusime

Jumalat, sest me armastasime Teda algusest saadik. Jumal armastas meid esimesena ja kui me seda usume, hakkame me Teda armastama. Kuidas Jumal meid armastab? Ta ei säästnud oma Poega ja andis Tema meie – patuste eest, et Ta teeks meie pääsemiseks tee.

Esiteks hakkame me Jumalat armastama, kui me seda usume, aga kui me arendame eneses täielikult vaimse armastuse, jõuame me tasemele, kus me usume täiesti, sest me armastame. Vaimse armastuse täielik väljaarendamine tähendab, et me oleme juba vabanenud igasugusest valest oma südames. Kui meie südames ei ole valet, saame me ülevalt vaimse usu, millega me suudame kogu südamest uskuda. Siis ei saa me kunagi Jumala Sõnas kahelda ja meie usk Jumalasse on kõigutamatu. Samuti, kui me arendame vaimse armastuse täiesti välja, usume me kõiki. See ei tähenda, et inimesed oleksid usaldusväärsed, aga isegi kui nad on kurjusest tulvil ja neil on palju puudusi, näeme me neid ususilmade läbi.

Me peaksime tahtma igaüht uskuda. Me peame ka endid uskuma. Isegi kui meil on palju puudujääke, peame me uskuma Jumalat, kes meid muudab ja peame ennast nägema ususilmadega, uskudes oma peatsesse muutumisse. Püha Vaim räägib alati meie südamele: „Sa tuled sellega toime. Ma aitan sind." Kui te usute seda armastust ja tunnistate: „Ma tulen hästi toime, ma suudan muutuda," siis Jumal teeb selle teie tunnistuse ja usu kohaselt teoks. Usk on väga ilus!

Ka Jumal usub meisse. Ta uskus, et igaüks meie seast hakkab Jumala armastusest aru saama ja tuleb pääsemise teele. Kuna Ta nägi meid kõiki ususilmade läbi, ei säästnud Ta oma ainusündinud Poega Jeesust ja tõi Ta ristiohvriks. Jumal usub, et isegi need, kes

Isandat veel ei tunne ega usu, saavad päästetud ja tulevad Jumala juurde. Ta usub, et need, kes on Isanda juba vastu võtnud, muutuvad lasteks, kes on väga Jumala sarnased. Usume siis taolise Jumala armastusega igasuguseid inimesi.

14. Armastus loodab kõike

Öeldakse, et ühele Ühendkuningriigi Westminster Abbey hauakivile on kirjutatud järgmised sõnad: „Ma soovisin noorena maailma muuta, aga ei suutnud seda teha. Keskeas ma püüdsin oma perekonda muuta, aga ma ei tulnud sellega toime. Ma taipasin alles enne surma, et ma oleksin kõike seda muuta saanud, kui ma oleksin üksnes ise muutunud."

Tavaliselt püüavad inimesed teist inimest muuta, kui neile ei meeldi midagi tema juures. Aga teisi inimesi on peaaegu võimatu muuta. Mõned abielupaarid võitlevad tühiste asjade üle nagu hambapasta pigistamine tuubi ülemisest või alumisest osast. Enne kui me püüame teisi muuta, peaksime me ise muutuma. Ja siis suudame me neid armastades nende muutumist oodata, lootes siiralt, et nad seda teevad.

Kõige lootmine tähendab, et te igatsete ja ootate kõike, mida te usute tõeks saavat. Nimelt, kui me armastame Jumalat, usume me iga Jumala Sõna ja loodame, et kõik sünnib Tema Sõna kohaselt. Te loodate näha päevi, millal te jagate igavesti Isa Jumalaga ilusas taevariigis armastust. Sellepärast lepite te kõigega, et oma usujooksu joosta. Aga, mis saaks, kui lootust poleks?

Inimestel, kes Jumalat ei usu, ei saa olla taevariigi lootust. Sellepärast elavad nad lihtsalt soovikohaselt, sest neil puudub tulevikulootus. Nad püüavad rohkem asju saada ja näevad oma ahnuse rahuldamiseks vaeva. Aga hoolimata sellest, kui palju neil ka ei oleks ja kui palju nad ka ei naudiks, ei leia nad sellest tõelist rahuldust. Nad elavad oma elu, tundes hirmu tuleviku ees.

Teisest küljest, need, kes Jumalat usuvad, loodavad kõike ja lähevad seega kitsast teed mööda. Miks me seda kitsaks teeks kutsume? See tähendab, et too tee on kitsas neile, kes Jumalat ei usu. Kui me võtame Jeesuse Kristuse vastu ja meist saavad jumalalapsed, oleme me pühapäeviti kogu päeva koguduses, osaledes ülistusteenistustel ja ei saa mingisugustest ilmalikest lõbudest osa. Me teeme jumalariigi heaks vabatahtlikku tööd ja palvetame, et Jumala Sõna järgi elada. Niisugust on usuta raske teha ja sellepärast kutsutakse seda kitsaks teeks.

1. Korintlastele 15:19 ütleb apostel Paulus: *„Kui me loodame Kristuse peale üksnes selles elus, siis me oleme kõigist inimestest armetumad."* Lihtsalt lihalikust perspektiivist võetuna, tundub elu täis talumist ja rasket tööd tülikas. Aga kõike lootust täis tee on rõõmsam. Kui me oleme inimestega, keda me väga armastame, oleme me isegi õnnelikud, kui me elame päevinäinud majas. Ja kui me mõtleme selle peale, et me elame kalli Isandaga igavesti Taevas, teeb see meid väga rõõmsaks! Me oleme põnevil ja rõõmsad lihtsalt selle peale mõeldes. Sedamoodi ootame me tõelise armastusega muutumatult ja loodame, kuni kõik, mida me usume, saab tõeks.

Kõige usu läbi ootamine on vägev. Näiteks, ütleme, et üks teie lastest läheb vale teed mööda ja ei õpi üldsegi mitte. Isegi see laps võib igal ajal heaks lapseks saada, kui uskuda tema lubadust seda teha ja näha tema võimalikku muutumist lootusesilmade läbi. Lapsevanemate usk stimuleerib laste arengut ja enesekindlust. Enesekindlad lapsed usuvad, et nad võivad teha ükskõik mida; nad suudavad ületada raskused ja niisugune suhtumine mõjutab tegelikult nende õppeedukust.

Kui me koguduses hingede eest hoolt kanname, on tegu

samasuguse asjaga. Igal juhul ei peaks me kellegi kohta ennatlikke järeldusi tegema. Me ei peaks kaotama oma julgust ja mõtlema: „Paistab, et sellel inimesel on väga raske muutuda" või „ta on ikka samasugune." Me peame nägema kõiki lootusesilmadega, lootes, et nad muutuvad varsti ja Jumala armastus sulatab nad. Me peame nende eest palvetama ja neid julgustama, öeldes ja uskudes: „Sa võid sellega hakkama saada!"

15. Armastus talub kõike

1. Korintlastele 13:7 öeldakse: *„[Armastus] lepib kõigega, ta usub kõike, ta loodab kõike, ta talub kõike."* Kui te armastate, suudate te kõike taluda. Mida siis „talumine" tähendab? Kui me talume kõike, mis ei ole armastusega kooskõlas, kaasnevad sellega teatud tagajärjed. Tuulega on järve peal või merel lained. Isegi pärast tuule vaibumist jäävad ikkagi alles säbarlained. Isegi kui me talume kõike, ei lõpe see lihtsalt siis, kui me oleme seda talunud. Sellele järgneb alati mingi tagajärg või järelmõju.

Näiteks, Jeesus ütles Matteuse 5:39: *„Aga mina ütlen teile: Ärge pange vastu inimesele, kes teile kurja teeb, vaid kui keegi lööb sulle vastu paremat põske, keera talle ka teine ette!"* Öeldu kohaselt, isegi kui keegi lööb vastu teie paremat põske, ei võitle te vastu, vaid talute lihtsalt seda. Aga kas see lõpeb sellega? Sellel on järelmõjud. Te tunnete valu. Teie põsk valutab, aga südamevalu on sellest veelgi suurem. Muidugi kogevad inimesed südamevalu erinevatel põhjustel. Mõne inimese süda valutab, sest nad arvavad, et neid löödi põhjuseta ja nad on sellepärast vihased. Aga teiste süda võib valutada, sest neil on kahju, et nad vihastasid teist inimest. Mõnel võib olla kahju, kui nad näevad venda, kes ei suuda end vaos hoida, aga ta väljendab seda füüsiliselt, selle asemel, et teha seda konstruktiivsemal ja kohasemal moel.

Kellegi talumise järelmõjud võivad esineda ka väliste olude näol. Näiteks, keegi lõi teid vastu paremat põske. Seega, te pöörasite Sõna alusel ka teise põse ette. Siis lööb ta teid ka vasakule põsele. Te talusite seda Sõna kohaselt, aga olukord arenes ja näis reaalses elus hullemaks muutuvat.

Niimoodi läks Taanieliga. Ta ei läinud kompromissile, kuigi ta teadis, et ta visatakse sellepärast lõukoerte auku. Kuna ta armastas Jumalat, ei lakanud ta kunagi isegi eluohtlikes olukordades palvetamast. Samuti, ta ei käitunud kurjalt nende suhtes, kes üritasid teda tappa. Aga, kas kõik muutus tema jaoks paremaks, kuna ta talus kõike Jumala Sõna kohaselt? Ei. Ta visati lõukoerte auku!

Me võime arvata, et kõik läbikatsumised peaksid taanduma, kui me talume asju, mis ei ole armastusega kooskõlas. Aga miks siis ikkagi järgnevad katsumused? See sünnib Jumala ettehoolde tõttu, et meid täiustada ja anda meile hämmastavaid õnnistusi. Põllud annavad tervet ja tugevat saaki, taludes vihma, tuult ja põletavat päikesepaistet. Jumala ettehoole aitab meil katsumuste kaudu Jumala tõeliste lastena esile tulla.

Katsumused on õnnistuseks

Vaenlane kurat ja saatan paiskavad segi valguses elada püüdvate jumalalaste elu. Saatan püüab alati leida inimeste süüdistamiseks kõikvõimalikke põhjuseid ja kui neis paistab vähimgi plekk olevat, süüdistab saatan neid reaalses elus. Selle näide on juhtum, kui keegi teeb teile kurja ja te talute seda väliselt, aga teie sees on ikka vimmatunne. Vaenlane kurat ja saatan teavad seda ja süüdistavad teid nende tunnete tõttu. Siis peab Jumal süüdistuse alusel katsumusi lubama. Meie elus on läbikatsumised, mida kutsutakse „puhastavateks katsumusteks", kuni me saame tunnistuse, et meie südames ei ole kurjust. Muidugi võivad katsumused esineda ka siis, kui me vabaneme igasugusest patust ja tuleme täielikule pühitsusele. Niisugust katsumust lubatakse, et meid rohkem õnnistada. Selle kaudu me ei viibi lihtsalt tasemel, kus meis pole kurjust, vaid me arendame veelgi suuremat armastust ja veelgi täielikumat headust ja meis ei ole enam mingit plekki ega laiku.

See ei ole vaid isiklike õnnistuste saamiseks; sama põhimõte kehtib, kui me püüame jumalariiki teoks teha. Selleks, et Jumal saaks suuri tegusid demonstreerida, tuleb vastata õigluseskaala teatud määrale. Meil tuleb suurt usku ja armastuse tegusid demonstreerides tõendada, et meil on vastuse saamiseks vajalik astjas, et vaenlane kurat ei saaks sellele vastuväiteid tuua.

Seega, vahel Jumal lubab meie ellu läbikatsumisi. Kui me talume vaid headuse ja armastusega, laseb Jumal meid Teda suuremate võitudega veelgi enam austada ja annab meile suuremad tasud. Te saate kindlasti suured õnnistused eriti siis, kui te võidate tagakiusu ja raskused, mis tabavad teid Isanda tõttu. *„Õndsad olete teie, kui teid minu pärast laimatakse ja taga kiusatakse ja teist valega kõiksugust kurja räägitakse. Olge rõõmsad ja hõisake, sest teie palk on suur taevas! Just samamoodi on taga kiusatud ka prohveteid enne teid"* (Matteuse 5:11-12).

Et kõigega leppida, kõike uskuda ja taluda

Kui te usute kõike ja loodate kõike armastusega, võite te igasuguse katsumuse võita. Aga kuidas me täpselt peaksime kõike uskuma, lootma ja taluma?

Esiteks, meil tuleb Jumala armastust uskuda lõpuni, ka

katsumustes oleku ajal.

1. Peetruse 1:7 öeldakse: *"...et teie usk läbikatsutuna leitaks palju hinnalisem olevat kullast, mis on kaduv, ent mida siiski tules läbi proovitakse, ja oleks teile kiituseks, kirkuseks ja auks Jeesuse Kristuse ilmumisel."* Ta puhastab meid, et meil oleksid omadused, mis lasevad meil maapealse elu lõppedes kiitust, au ja austust saada.

Samuti, kui me elame täiesti Jumala Sõna kohaselt ja ei lähe maailmaga kompromissile, võivad meie elus esineda olukorrad, kus me kogeme ebaõiglasi kannatusi. Iga kord tuleb meil uskuda, et Jumal armastab meid eriliselt. Siis oleme me julguse kaotamise asemel tänulikud, et Jumal viib meid paremasse taevasesse elupaika. Samuti tuleb meil uskuda Jumala armastusse ja meil tuleb seda lõpuni uskuda. Usukatsumuste ajal võib esineda teatud valu.

Kui valu on tugev ja kestab kaua aega, võime me mõtelda: "Miks Jumal ei aita mind? Kas Ta ei armasta mind enam?" Aga neil aegadel tuleb meil meenutada selgemalt Jumala armastust ja katsumusi taluda. Meil tuleb uskuda, et Isa Jumal tahab meid paremasse taevasesse eluasemesse viia, sest Ta armastab meid. Kui me peame lõpuni vastu, saavad meist lõpuks täiuslikud jumalalapsed. *"Aga kannatlikkus olgu täiuslik, et te oleksite täiuslikud ja terviklikud ega oleks teis midagi vajaka"* (Jakoobuse 1:4).

Teiseks, kõige talumiseks tuleb meil uskuda, et katsumused on otsetee meie lootuste täitumisele.

Roomlastele 5:3-4 öeldakse: *„Aga mitte ainult sellest, vaid me kiitleme ka viletsusest, teades, et viletsus toob kannatlikkuse, kannatlikkus läbikatsutuse, läbikatsutus lootuse."* Siinne viletsus on nagu otsetee meie lootuste teostumisele. Te võite mõtelda midagi sarnast: „Oh, millal ma küll muutun?", aga kui te peate vastu ja muutute pidevalt, siis te muutute vähehaaval tõeliseks täuslikuks Jumala sarnaseks jumalalapseks.

Seega, kui katsumus saabub, ei tohiks te seda vältida, vaid peaksite selle enesest parimat andes läbima. Muidugi loodusseadus ja inimese loomulik soov tahaksid lihtsamat teed mööda minna. Aga kui me püüame katsumusi vältida, muutub meie teekond vaid pikemaks. Näiteks, kui on keegi, kes näib teile pidevalt kõiges probleeme tekitavat. Te ei näita seda avalikult välispidiselt välja, aga te tunnete alati selle inimesega kohtudes ebamugavust. Seega, te tahate teda lihtsalt vältida. Selles olukorras ei tohiks te vaid olukorda eirata, aga te peate selle aktiivselt ületama. Te peate taluma raskust, mis teil temaga esineb ja arendama enese sees südame, et seda inimest täiesti mõista ja talle andestada. Siis annab Jumal teile armu ja te muutute. Samamoodi, iga katsumus saab trepiastmeteks ja otseteeks teie lootuste täitumisele.

Kolmandaks, kõige talumiseks peame me vaid head tegema.

Kui teie ees seisavad järelmõjud, siis tavaliselt inimesed kaebavad Jumala peale ka pärast Jumala Sõna alusel kõige talumist. Nad kurdavad ja ütlevad: „Miks see olukord ei muutu isegi pärast Sõna alusel tegutsemist?" Iga usukatsumus tuleb vaenlaselt kuradilt ja saatanalt. Nimelt, läbikatsumised ja katsumused on hea ja kurja vaheline lahing.

Selles vaimses lahingus võidu saamiseks tuleb meil vaimumaailma reeglite kohaselt võidelda. Vaimumaailma seaduseks on, et headus võidab lõpuks. Roomlastele 12:21 öeldakse: *„Ära lase kurjal võitu saada enese üle, vaid võida sina kuri heaga!"* Kui me toimime niimoodi headusega, võib näida, et me kanname kaotust ja kaotame hetkeks, aga tegelikult on olukord vastupidine, sest õiglane ja hea Jumal valitseb kogu õnne, ebaõnne ja inimkonna elu ja surma. Seega, kui meie elus on läbikatsumised, katsumused ja tagakius, tuleb meil vaid headusega tegutseda.

Mõnel juhul tabab usklikke nende uskmatute pereliikmete tagakius. Sel juhul võivad usklikud arvata: „Miks mu abikaasa nii kuri on? Miks mu naine nii kuri on?" Aga siis muutub katsumus veelgi suuremaks ja pikemaks. Milline on headus sellises olukorras? Teil tuleb palvetada armastusega ja teenida neid Isandas. Teil tuleb olla valgus, mis paistab eredalt teie perekonna peale.

Kui te teete neile ainult head, teeb Jumal kõige õigemal ajal oma töö. Ta ajab vaenlase kuradi ja saatana minema ja liigutab ka teie pereliikmete südameid. Kõik probleemid lahenevad, kui te tegutsete headusega, Jumala reeglite kohaselt. Vaimses lahingus ei ole kõige võimsam relv inimlik vägi ega tarkus, vaid Jumala headus. Seega, talugem vaid headusega ja tehkem head.

Kas teie ümbruskonnas on keegi, kellega koosviibimine tundub teile väga raske ja keda on raske taluda? Mõned inimesed eksivad kogu aeg, nad tekitavad kahju ja raskusi teistele. Teised kurdavad palju ja tusatsevad isegi pisiasjade üle. Aga kui te arendate endas tõelise armastuse, ei ole enam kedagi, keda te taluda ei suudaks, sest te armastate teisi nagu iseennast, täpselt nii nagu Jeesus käskis meil armastada oma ligimesi nagu iseennast (Matteuse 22:39).

Isa Jumal mõistab meid samuti ja talub meid sellesarnaselt. Te peaksite elama nagu pärlikarp, kuniks te arendate eneses sellise armastuse. Kui võõrkeha nagu liiv, mererohi või merekarbi tükike jääb karbi ja selle põhiosa vahele kinni, muudab pärlikarp selle kalliks pärliks! Kui me arendame niimoodi vaimse armastus välja, läbime me pärliväravast ja läheme Uude Jeruusalemma, kus asub Jumala aujärg.

Kujutage üksnes ette seda aega, millal te lähete läbi pärliväravate ja meenutate oma maapealset elu. Me peaksime olema suutelised Isa Jumalale tunnistama: „Tänan Sind, et Sa talusid, uskusid, lootsid ja talusid kõike minu eest," sest Ta vormis meie südame sama ilusaks nagu pärlid.

Vaimse armastuse omadused III

12. Ta lepib kõigega

13. Ta usub kõike

14. Ta loodab kõike

15. Ta talub kõike

Täiuslik armastus

*„Armastus ei hääbu kunagi. Olgu ennustused – need kõrvaldatakse,
olgu keeled – need vaibuvad, olgu tunnetus – see lõpeb ära.
Sest poolikult me tunnetame ja poolikult me ennustame,
aga kui tuleb täielik, siis kõrvaldatakse poolik.
Kui ma olin väeti laps, siis ma rääkisin nagu väeti laps,
mõtlesin nagu väeti laps, arutlesin nagu väeti laps.
Aga kui ma sain meheks, jätsin ma kõrvale väeti lapse kombed.
Praegu me näeme aimamisi nagu peeglist, siis aga palgest palgesse.
Praegu ma tunnetan poolikult, siis aga tunnetan täiesti,
nagu minagi olen täiesti tunnetatud. Ent nüüd jääb usk, lootus,
armastus, need kolm, aga suurim neist on armastus."*
1. Korintlastele 13:8-13

Kui te lähete Taevasse ja saate vaid ühe asja kaasa võtta, mida te tahaksite võtta? Kulda? Teemandit? Raha? Kõik see on Taevas kasutu. Taevas on teed, mille peal te käite, puhtast kullast. See, mida Isa Jumal taevastes eluasemetes on valmistanud, on väga ilus ja hinnaline. Jumal mõistab meie südant ja annab endast parima, et meie jaoks parimat valmistada. Aga on üks asi, mida me võime maa pealt kaasa võtta ja see on ka Taevas väga väärtuslik. See on armastus. See on meie maapealse eluaja jooksul meie südames arendatud armastus.

Armastust on ka Taevas vaja

Kui inimese kasvatamine on möödas ja me läheme taevariiki, kaob kõik maapealne (Johannese ilmutus 21:1). Laulus 103:15 öeldakse: *"Inimese elupäevad on nagu rohi: ta õitseb nõnda nagu õieke väljal."* Isegi mittemateriaalsed asjad nagu rikkus, kuulsus ja võim kaovad samuti. Kõik patud ja pimedus nagu vihkamine, tülid, kadedus ja armukadedus kaovad.

Aga 1. Korintlastele 13:8-10 öeldakse: *"Armastus ei hääbu kunagi. Olgu ennustused – need kõrvaldatakse, olgu keeled – need vaibuvad, olgu tunnetus – see lõpeb ära. Sest poolikult me tunnetame ja poolikult me ennustame, aga kui tuleb täielik, siis kõrvaldatakse poolik."*

Prohvetliku konelemise anne, keeled ja Jumala tundmine on kõik vaimsed asjad, seega, miks nad peaksid ära lõppema? Taevas on vaimumaailmas ja see on täiuslik koht. Taevas saame me kõike selgelt teada. Isegi kui me suhtleme Jumalaga selgelt ja kuulutame prohvetlikult, erineb see täiesti taevariigis kõigest tulevikus arusaamisest. Siis mõistame me selgelt Isa Jumala ja Isanda südant, seega prohvetlikke ettekuulutusi ei ole enam vaja.

Keeltega on samamoodi. Siin tähistavad „keeled" erinevaid keeli. Aga maa peal on palju erinevaid keeli, seega me peame eri keelte kõnelejatega rääkimiseks nende keele selgeks õppima. Kultuuriliste erinevuste tõttu on meil vaja palju aega ja vaeva näha, et oma südant ja mõtteid edastada. Isegi samas keeles kõneledes ei saa me teiste inimeste südamest ja mõtetest täielikult aru. Isegi kui me räägime soravalt ja põhjalikult, ei ole meie südant ja mõtteid lihtne sajaprotsendiliselt edastada. Sõnade tõttu võib tekkida valearusaamasid ja tülisid. Sõnades esineb ka palju vigu.

Aga kui me läheme Taevasse, ei pea me taoliste asjade pärast muretsema. Taevas on ainult üks keel. Seega, seal ei ole vaja teiste mittemõistmise pärast muretseda. Kuna head südant edastatakse sellisena nagu see on, ei saa seal mingisuguseid väärarusaamu ega eelarvamusi olla.

Samamoodi on teadmistega. Siin tähistavad „teadmised" teadmisi Jumala Sõna kohta. Maa peal elades õpime me usinalt Jumala Sõna tundma. Piibli 66 raamatu kaudu saame me teada, kuidas pääseda ja igavest elu saada. Me saame teada, mis on Jumala tahe, aga see on ainult osaliselt Tema tahe ja puudutab vaid seda, mida meil tuleb Taevasse minekuks teha.

Näiteks, me kuuleme ja õpime tundma ja rakendame oma ellu taolisi Sõnu nagu: „Armastage üksteist," „Ärge kadestage, ärge olge armukadedad" ja nii edasi. Aga Taevas on ainult armastus ja seega me ei vaja seal niisuguseid teadmisi. Kuigi tegu on vaimsete asjadega, kaovad lõpuks ka prohvetikuulutused, erinevad keeled ja kõik teadmised, sest neid on siin füüsilises maailmas vaid ajutiselt vaja.

Seega on oluline tunda tõesõna ja Taevast puudutavat, aga veelgi olulisem on armastust arendada. Me võime oma südame ümberlõikamise ja armastuse arendamise määraga võrdväärselt paremasse taevasesse asukohta minna.

Armastus on igavesti kallis

Tuletage vaid meelde oma esimese armastuse aega. Kui õnnelik te olite! Kui me ütleme, et armastus pimestab meid, kui me tõesti kedagi armastame, näeme me selles inimeses vaid head ja kõik tundub maailmas ilus olevat. Päikesepaiste on veelgi säravam ja me võime isegi õhus head lõhna tunda. Mõnedes laboriülevaadetes konstateeritakse, et negatiivseid ja kritiseerivaid mõtteid valitsevad ajuosad on armunute puhul vähemaktiivsed. Samamoodi, kui te olete tulvil oma südames olevat Jumala armastust, olete te lihtsalt väga õnnelik ka siis, kui te ei söö. Taevas kestab niisugune rõõm igavesti.

Meie maapealne elu on taevase eluga võrreldes lapse elu taoline. Alles rääkima õppinud laps suudab üksnes öelda paar lihtsat sõna nagu „emme" ja „issi". Ta ei suuda palju asju regelikult detailselt väljendada. Samuti ei saa lapsed täiskasvanute maailma keerulistest asjadest aru. Lapsed räägivad, mõistavad ja mõtlevad oma teadmiste ja võimete piires laste kombel. Neil ei ole õiget raha väärtuse mõistet, seega, kui neile anda münt ja rahatäht, valivad nad loomuomaselt mündid, sest nad teavad müntide väärtust, kuna nad on kasutanud neid kommide või pulgakommi ostmiseks, aga nad ei tea rahatähtede väärtust.

See sarnaneb meie maapealse elu jooksul olevale arusaamale

Taevast. Me teame, et Taevas on ilus koht, aga selle tegelikku ilu on raske sõnades väljendada. Taevariigis ei ole piire, seega seal saab ilu täiel määral kirjeldada. Kui me läheme Taevasse, mõistame me ka piiramatut saladuslikku vaimumaailma ja kõige toimimispõhimõtteid. Sellest räägitakse 1. Korintlastele 13:11: *„Kui ma olin väeti laps, siis ma rääkisin nagu väeti laps, mõtlesin nagu väeti laps, arutlesin nagu väeti laps. Aga kui ma sain meheks, jätsin ma kõrvale väeti lapse kombed."*

Taevariigis ei ole pimedust, muret ega ängi. Seal on vaid headus ja armastus. Seega me võime oma armastust väljendada ja teenida üksteist niipalju kui me soovime. Füüsiline maailm ja vaimumaailm on sel moel täiesti erinevad. Muidugi, ka maa peal esineb inimeste arusaamades ja mõtetes nende usumõõdu kohaselt suuri erinevusi.

1. Johannese 2. peatükis võrreldakse väikelaste, noormeeste ja isade usutasemeid. Väikelaste või laste usutasemel olijad on nagu vaimsed lapsed. Neil on Jumala Sõna järgi elamiseks vähe jõudu. Aga kui neist saavad noormehed ja isad, muutuvad nende sõnad, mõtlemine ja teod erinevaks. Nad suudavad rohkem Jumala Sõna alusel elada ja nad võivad pimeduse vägede vastase lahingu võita. Aga isegi kui me saavutame maa peal isade usu, võime me öelda, et me oleme taevariiki mineku järgse ajaga võrreldes alles laste sarnased.

Me tunneme täiuslikku armastust

Lapsepõlv on täiskasvanuks saamise aja ettevalmistus ja

samamoodi on maapealne elu ettevalmistus igaveseks eluks. Ja see maailm on igavese taevariigiga võrreldes nagu vari, mis kaob kiirelt. Vari ei ole tegelik eksistents. Teiste sõnadega, see ei ole tõeline. See on lihtsalt algse olemuse sarnane kujutis.

Kuningas Taavet õnnistas Isandat kogu kogunenud rahva nähes ja ütles: „*Sest me oleme võõrad su ees ja majalised, nõnda nagu kõik meie vanemad. Meie päevad maa peal on otsekui vari ja lootust ei ole*" (1. Ajaraamat 29:15).

Kui me vaatame millegi varju, saame me selle eseme üldkontuuridest aru. Füüsiline maailm on nagu vari, mis annab põgusa ettekujutuse igavesest maailmast. Kui vari, mis on maapealne elu, kaob, ilmneb selgelt asja tegelik olemus. Praegusel hetkel tunneme me vaimumaailma vaid ähmaselt ja ebaselgelt, otsekui peeglist nähes. Aga kui me läheme taevariiki, mõistame me seda sama selgelt, otsekui palgest palgesse vaadates.

1. Korintlastele 13:12 kirjutatakse: „*Praegu me näeme aimamisi nagu peeglist, siis aga palgest palgesse. Praegu ma tunnetan poolikult, siis aga tunnetan täiesti, nagu minagi olen täiesti tunnetatud.*" Apostel Paulus kirjutas armastuse peatüki peaaegu 2000 aasta eest. Sellel ajal ei olnud peegel nii selge nagu tänapäeva peeglid. Peeglit ei tehtud klaasist. Nad lihvisid hõbedat, pronksi või terast ja poleerisid metalli, et see peegeldaks valgust. Sellepärast oli peegel ähmane. Muidugi näevad ja tunnevad mõned inimesed taevariiki avatud vaimusilmade läbi kujukamalt. Siiski, me võime Taeva ilu ja õnne vaid ähmaselt tajuda.

Hiljem, kui me läheme taevariiki, võime me taevariigi iga üksikasja selgelt näha ja otseselt tunda. Me õpime tundma sõnadega kirjeldamatu Jumala suurust, vägevust ja ilu.

Armastus on usu,
lootuse ja armastuse seas kõige tavalisem

Usk ja lootus on meie usu kasvamiseks väga olulised. Me võime pääseda ja Taevasse minna ainult siis, kui meil on usk. Me võime saada jumalalasteks vaid usu läbi. Kuna me saame päästetud, igavese elu ja taevariigi vaid usu läbi, on usk väga kallis. Ja kõigi aarete seas on kalleim aare usk; usk on palvevastuste saamise võti.

Aga kuidas on lood lootusega? Ka lootus on kallis; me saame taevased paremad eluasemed lootusega oma valdusse. Seega, kui meil on usk, on meil loomulikult ka lootus. Kui me usume Jumalat ja Taevast ja põrgut kindlasti, on meil taevalootus. Samuti, kui meil on lootus, püüame me tulla pühitsusele ja jumalariigi heaks ustavalt tööd teha. Usk ja lootus on vajalikud, kuni me jõuame taevariiki. Aga 1. Korintlastele 13:12 öeldakse, et armastus on nende seast suurim, kuid miks see nii on?

Esiteks, usk ja lootus on vajalikud vaid meie maapealse eluaja jooksul ja taevariigis jääb alles vaid vaimne armastus.

Taevas ei pea me midagi uskuma, midagi nägemata ega lootmata, sest kõik on seal meie jaoks nähtaval. Oletame, et te armastate kedagi väga palju ja te ei ole temaga nädala või veelgi enam, kümne aasta jooksul kohtunud. Meie tunded on palju sügavamad ja suuremad, kui me kohtume temaga taas kümme aastat hiljem. Ja kui kohtuda inimesega, keda me oleme kümme aastat näha igatsenud, kas saab siis veel tema järele igatsust tunda?

Sama kehtib meie kristliku elu kohta. Kui meil on tõesti usk ja me armastame Jumalat, kasvab meie lootus aja jooksul ja meie usu suurenedes. Me igatseme Isandat iga päevaga üha enam. Need, kellel on taoline taevalootus, ei ütle, et see on raske, kuigi nad lähevad maa peal kitsast teed pidi ja ei vangu üheski kiusatuses olles. Ja kui me jõuame oma lõppsihile, ei vaja me enam usku ega lootust. Aga armastus püsib Taevas ikkagi igavesti ja sellepärast öeldakse Piiblis, et armastus on kõigist suurim.

Teiseks, me saame Taevasse usu läbi, aga armastuseta ei saa me minna kõige ilusamasse taevasessse eluasemesse – Uude Jeruusalemma.

Me võime usu ja lootusega tegutsemisega võrdeliselt taevariigi vägivaldselt oma valdusse saada. Me saame vaimse usu Jumala Sõnaga elamise, pattudest vabanemise ja ilusa südame arendamisega võrdeliselt ja vaimse usumõõdu kohaselt antakse meile Taevas erinevad eluasemed: paradiisis, esimeses taevariigis, teises taevariigis, kolmandas taevariigis ja Uues Jeruusalemmas.

Paradiis on neile, kellel on usk, et Jeesuse Kristuse vastuvõtmise kaudu lihtsalt päästetud saada. See tähendab, et nad ei teinud jumalariigi heaks midagi. Esimene taevariik on neile, kes püüdsid pärast Jeesuse Kristuse vastuvõtmist Jumala Sõna alusel elada. See on paradiisist palju ilusam. Teine taevariik on neile, kes elasid Jumalat armastades Jumala Sõna alusel ja kes olid jumalariigile ustavad. Kolmas taevariik on neile, kes armastavad Jumalat äärmiselt ja kes on pühitsusele tulles igasugusest kurjusest vabanenud. Uus Jeruusalemm on neile, kellel on Jumalale meelepärane usk ja kes on olnud ustavad kogu Jumala koja üle.

Uus Jeruusalemm on taevane eluase, mis antakse neile jumalalastele, kes on arendanud usu kaudu täiusliku armastuse ja see on kristalne armastus. Tegelikult ei vasta mitte keegi peale

Jumala ainusündinud Poja Jeesuse Kristuse Uude Jeruusalemma mineku tingimustele. Aga kui me oleme Jeesuse Kristuse kalli vere läbi õigeks tehtud ja meil on täielik usk, võime meiegi loodutena sinnamineku tingimustele vastata.

Selleks, et me sarnaneksime Isandale ja võiksime Uues Jeruusalemmas elada, tuleb meil minna sama teed, mida mööda läks Isand. See on armastuse tee. Ainult sellise armastusega võime me kanda Püha Vaimu üheksat vilja ja olla õndsaks kiidetud, et olla Isanda iseloomuga vääriline tõene jumalalaps. Kui me saame tõelise jumalalapse omadused, saame me kõik maa peal palutu ja meil on privileeg Isandaga Taevas igavesti koos käia. Seega, me võime Taevasse minna, kui meil on usk ja me võime pattudest vabaneda, kui meil on lootus. Sellepärast on usk ja lootus kindlasti vajalikud, aga armastus on nende seast suurim, sest me saame Uude Jeruusalemma minna vaid siis, kui meil on armastus.

„Ärgu olgu teil ühtki muud võlga kellegi vastu

kui ainult võlg üksteist armastada;

sest kes armastab teist, on Seaduse täitnud.

Sest käsk: 'Sa ei tohi rikkuda abielu, sa ei tohi tappa,

sa ei tohi varastada, sa ei tohi himustada',

ja mis tahes muu käsk on kokku võetud selles sõnas:

'Armasta oma ligimest nagu iseennast!'

Armastus ei tee ligimesele kurja.

Nii on armastus Seaduse täitmine."

Roomlastele 13:8-10

3. osa

Armastus on Seaduse täitmine

1. peatükk : Jumala armastus

2. peatükk : Kristuse armastus

Jumala armastus

„Ja me oleme tunnetanud ja uskunud armastust,
mis Jumalal on meie vastu.
Jumal on armastus ja kes püsib armastuses,
püsib Jumalas ja Jumal püsib temas."
1. Johannese 4:16

Kui Elliot töötas Quechua indiaanlastega, hakkas ta valmistuma vägivaldse kuulsusega Huaorani indiaani suguharuni jõudmiseks. Tema ja neli ülejäänud misjonäri – Ed McCully, Roger Youderian, Peter Fleming ja nende lendur Nate Saint võtsid lennuki pealt Huaorani indiaanlastega ühendust, kasutades kingituste edasi andmiseks valjuhääldit ja korvi. Mitu kuud hiljem otsustasid need mehed ehitada indiaanlaste suguharu asukoha lähedale Curaray jõe äärde oma baasi. Seal tulid nende juurde mitu Huaorani indiaanlaste väikest rühma ja nad viisid isegi ühe uudishimuliku Huaorani indiaanlase, keda nad kutsusid nimega „George" (tema pärisnimi oli Naenkiwi) lennukiga lendama. Sõbralikud kohtumised lisasid neile julgust ning nad hakkasid tegema plaane, et külastada Huaoranit, aga nende plaane takistas Ellioti ja tema neli kaaslast tapnud suurema Huaorani rühma saabumine 8. jaanuaril, 1956. Ellioti moonutatud ihu leiti allavoolu jõge koos teiste meeste ihudega, välja arvatud Ed McCully oma.

Elliot ja ta sõbrad said otsekohe kogu maailmas märtritena teatavaks ja ajakiri Life Magazine avaldas kümneleheküljelise artikli nende misjoni ja surma kohta. Nende teeneks on oma aja noortes kristliku misjonitöö vastu huvi äratamine ja neid peetakse tänaseni kogu maailmas tööd tegevate kristlike misjonäride julgustajateks. Pärast abikaasa surma hakkasid Elisabeth Elliot ja teised misjonärid töötama Auca indiaanlastega, kellele nad avaldasid sügavat mõju ja kelle seast paljud pöördusid kristlikku usku. Jumala armastusega võideti palju hingi.

Ärgu olgu teil ühtki muud võlga kellegi vastu kui ainult võlg üksteist armastada; sest kes armastab teist, on Seaduse täitnud. Sest käsk: "Sa ei tohi rikkuda abielu, sa ei tohi tappa, sa ei tohi varastada, sa ei tohi himustada", ja mis tahes muu käsk on kokku võetud selles sõnas: "Armasta oma ligimest nagu iseennast!" Armastus ei tee ligimesele kurja. Nii on armastus Seaduse täitmine (Roomlastele 13:8-10).

Kõigi armastuseliikide seast on suurimal armastuse tasandil armastus, mida Jumal tunneb meie vastu. Jumala armastusest pärineb kogu loodu ja kõigi inimolendite loomine.

Jumal lõi kõik asjad ja inimolendid oma armastusest

Alguses oli kogu universum vaid hiiglasuur ruum Jumalas. Taoline universum erineb meile tänapäeval teadaolevast. See on ruum, millel pole algust ega lõppu ja mis on piiritu. Kõik sündis Jumala tahte kohaselt ja Tema südames oleva järgi. Aga kui Jumal võib teha ja omada kõike, mida Ta soovib, miks Ta lõi inimolendid?

Ta tahtis tõelisi lapsi, kellega jagada oma maailma ilu, mida Ta nautis. Ta tahtis jagada ruumi, kus kõik sündis Tema soovi kohaselt. Inimese meelega on samamoodi; me tahame avalikult jagada häid asju nendega, keda me armastame. Jumal plaanis selle lootusega inimese kasvatamise, et saada omale tõelisi lapsi.

Esiteks jagas Ta universumi füüsiliseks ja vaimseks maailmaks ja lõi taevaväed ja inglid, muud vaimolendid ja kogu vaimumaailma jaoks vajaliku. Ta valmistas ruumi, kus Ta viibima hakkas ja taevariigi, kus Ta tõelised lapsed viibivad ning inimolenditele inimese kasvatamise aja läbimiseks ruumi. Pärast mõõtmatu ajahulga möödumist lõi Ta füüsilisse maailma maa koos päikese, kuu ja tähtedega ning loodusliku keskkonna, mis oli inimesele eluvajalik.

Jumalat ümbritsevad arvukad vaimolendid nagu inglid, aga nad on tingimusteta sõnakuulelikud ja meenutavad roboteid. Nad ei ole olendid, kellega Jumal saaks oma armastust jagada. Sellepärast lõi Jumal inimesed oma kuju järgi, et saada tõelisi lapsi, kellega oma armastust jagada. Kui teil oleks võimalik omada ilusate nägudega roboteid, mis teeksid täpselt seda, mida te tahate, kas nad võiksid teie lapsi asendada? Isegi kui teie lapsed ei pruugi teid aeg-ajalt kuulata, on nad ikkagi palju armsamad kui need robotid, sest nad tunnevad teie armastust ja väljendavad oma armastust teie vastu. Jumalaga on samamoodi. Ta tahtis tõelisi lapsi, kellega oma südant jagada. Jumal lõi selle armastusega esimese inimolendi – Aadama.

Pärast Aadama loomist tegi Jumal ida poole Eedeni nimelise aia ja pani sinna Aadama. Jumal andis Aadamale Eedeni aia, sest Ta hoolis temast. See on saladuslikult ilus koht, kus lilled ja puud kasvavad väga hästi ja kus jalutavad armsad loomad. Kõikjal seal on rikkalikud viljad. Seal on tuuled, mis tunduvad siidpehmed ja sosistava häälega rohi. Vesi sätendab nagu kallid valgust peegeldavad vääriskivid. Selle koha ilu ei saa isegi parima inimliku ettekujutusvõime abil täielikult väljendada.

Jumal andis Aadamale ka abilise, kelle nimi oli Eeva. Ta ei teinud seda, kuna Aadam tundis end üksildasena. Jumal sai Aadama südamest juba ette aru, sest Jumal oli väga kaua aega üksinda olemas olnud. Aadam ja Eeva elasid Jumalaga parimates elutingimustes ja neil oli väga kaua aega suur meelevald kõige loodu isandatena.

Jumal kasvatab inimolendeid, et teha neist oma tõelised lapsed

Aga Aadamal ja Eeval puudus midagi, mis ei lasknud neil olla tõelised jumalalapsed. Kuigi Jumal andis neile oma armastuse täiuse, ei saanud nad tõeliselt Tema armastust tunda. Nad nautisid kõike, mida Jumal neile andis, aga nad ei teeninud ega saanud oma vaevaga mitte midagi. Seega, nad ei mõistnud, kui kallis oli Jumala armastus ja nad ei hinnanud neile antut. Lisaks, nad ei kogenud kunagi surma ega ebaõnne ja nad ei teanud elu väärtust. Nad ei kogenud kunagi vihkamist, seega nad ei mõistnud armastuse tõelist väärtust. Kuigi nad kuulsid selle kohta ja neil olid mõistuslikud teadmised, ei suutnud nad oma südames tõelist armastust tunda, sest nad ei olnud seda kunagi otseselt kogeda saanud.

Siin peitub põhjus, miks Aadam ja Eeva sõid hea ja kurja tundmise puust. Jumal ütles: *„…aga hea ja kurja tundmise puust sa ei tohi süüa, sest päeval, mil sa sellest sööd, pead sa surma surema!"*, aga surma täielik tähendus oli neile teadmata (1. Moosese raamat 2:17). Kas Jumal ei teadnud, et nad söövad hea ja kurja tundmise puust? Ta teadis. Ta teadis, aga Ta andis ikkagi Aadamale ja Eevale vaba tahte, et nad otsustaksid sõnakuulelikkusest. Siin peitub inimese kasvatamise ettehoole.

Jumal tahtis, et kogu inimkond kogeks inimese kasvatamise kaudu pisaraid, kurbust, valu, surma jne, et kui nad hiljem

Taevasse jõuavad, nad tunneksid tõesti, kui väärtuslikud ja hinnalised on taevased asjad ja et nad suudaksid tõelist õnne kogeda. Jumal tahtis nendega jagada igavesti armastust Taevas, mis on kirjeldamatu ja isegi Eedeni aiast palju ilusam.

Pärast seda, kui Aadam ja Eeva ei kuuletunud Jumala Sõnale, ei saanud nad enam Eedeni aias elada. Ja sellest ajast saadik kaotas ka Aadam oma meelevalla kogu loodu isandana, kõik loomad ja taimed langesid samuti needuse alla. Kunagi oli maa külluslik ja ilus, aga ka see neeti. Siis hakkasid seal kasvama okkalised taimed ja ohakad ja inimesed ei saanud enam vaevanägemise ja palehigita mingit saaki koristada.

Kuigi Aadam ja Eeva olid Jumalale sõnakuulmatud, tegi Ta ikkagi neile nahast rõivad ja riietas nad, sest nad pidid elama täiesti erinevas keskkonnas (1. Moosese raamat 3:21). Jumala süda pidi põlema nagu lapsed mingiks ajaks tulevikuettevalmistusi tegema saatnud lapsevanema oma. Hoolimata niisugusest Jumala armastusest, määrdusid inimesed varsti pärast inimese kasvatamise algust pattude tõttu ja nad eemaldusid Jumalast väga kiiresti.

Roomlastele 1:21-23 öeldakse: *„Sest et Jumalat tundes nad ei ole ülistanud ega tänanud teda kui Jumalat, vaid on oma arvamustega jooksnud tühja ning nende mõistmatu süda on jäänud pimedaks. Väites endid targad olevat, on nad läinud rumalaks ja on kadumatu Jumala kirkuse vahetanud kaduva inimese ja lindude ja neljajalgsete ja roomajate kujutistega."*

Jumal näitas sellele patusele inimkonnale oma ettehoolet ja armastust oma väljavalitud rahva – Iisraeli – kaudu. Ühest küljest, kui nad elasid Jumala Sõna alusel, tegi Jumal hämmastavaid imesid ja tunnustähti ja õnnistas neid väga. Teisest küljest, kui nad jätsid Jumala, kummardasid ebajumalaid ja tegid pattu, saatis Jumal oma armastuse edastamiseks nende juurde palju prohveteid.

Üks niisuguseid prohveteid oli Hoosea, kes tegutses pimedal ajal pärast Iisraeli jagunemist põhjas asuvaks Iisraeliks ja lõunas asuvaks Juudaks.

Ühel päeval andis Jumal Hooseale erikorralduse ja ütles: *"Mine võta enesele hooranaine ja sohilapsed, sest maa lahkub üha hoorates Issanda järelt!"* (Hoosea 1:2). Oli ennekuulmatu, et jumalik prohvet abielluks hooranaisega. Hoosea kuuletus Jumala Sõnale, kuigi ta ei saanud Jumala kavatsusest hästi aru ja abiellus Gomeri nimelise naisega.

Neile sündis kolm last, kuid Gomer järgis oma himu ja läks teise mehe juurde. Sellest hoolimata käskis Jumal Hooseal oma naist armastada (Hoosea 3:1). Hoosea otsis ta üles ja tõi ta viieteist hõbeseekli ja kahe ja poole tündri otrade eest tagasi.

Hoosea armastus Gomeri vastu sümboliseerib Jumala armastust meie vastu. Ja hooranaine Gomer sümboliseerib kõiki patust määritud inimesi. Nii nagu Hoosea võttis hooranaise omale naiseks, armastas Jumal esiteks meid, kui me olime selle maailma patu tõttu määrdunud.

Jumal näitas oma lõpmatut armastust ja lootis, et igaüks pöörduks surma teelt ja saaks Tema lapseks. Isegi kui nad sõbrunesid maailmaga ja läksid Jumalast mingiks ajaks eemale, ei öelnud Jumal lihtsalt: "Te jätsite minu ja ma ei saa teid enam tagasi võtta!" Ta tahab lihtsalt, et igaüks naaseks Tema juurde ja Ta teeb seda palju siiramast südamest, kui vanemad, kes ootavad oma kodunt pagenud laste naasmist.

Jumal valmistas Jeesuse Kristuse enne aegade algust

Luuka 15. peatüki tähendamissõna kadunud pojast näitab selgelt Isa Jumala südant. Teisel pojal, kes elas lapsena rikkalt, ei olnud isa vastu tänulikku südant ja ta ei mõistnud oma elatud elu väärtust. Ühel päeval palus poeg, et isa annaks talle oma pärandiraha enneaegselt. Ta oli tüüpiline rikutud laps, kes palus pärandiraha ajal, kui ta isa veel elas.

Isa ei suutnud oma poega peatada, sest poeg ei mõistnud üldsegi oma vanemate südant ja lõpuks ta andis pojale parandiraha kätte. Poeg oli õnnelik ja läks teekonnale. Isa süda hakkas sestsaadik valutama. Ta muretses end poolsurnuks ja mõtles: „Aga äkki temaga juhtub midagi? Äkki ta puutub kurjade inimestega kokku?" Isa ei suutnud poja tõttu muret tundes isegi magada, ta vaatas horisonti ja lootis, et ta poeg naaseb.

Varsti lõppes poja raha otsa ja inimesed hakkasid teda halvasti kohtlema. Ta oli nii õudsas olukorras, et ta tahtis oma nälga kustutada kaunadega, mida sead sõid, kuid keegi ei andnud talle midagi. Siis tuli talle meelde isakodu. Ta naasis koju, aga ta kahetses tehtut nii palju, et ta ei suutnud isegi oma pead tõsta. Aga isa jooksis tema juurde ja suudles teda. Isa ei süüdistanud teda mitte millegi tõttu, vaid oli lihtsalt väga õnnelik. Ta pani pojale parimad riided selga ja tappis nuumvasika, et tema jaoks pidu korraldada. Selline on Jumala armastus.

Jumala armastust ei anta vaid teatud inimestele mingil teatud ajal. 1. Timoteosele 2:4 öeldakse: *„[Jumal] tahab, et kõik inimesed pääseksid ja tuleksid tõe tundmisele."* Ta hoiab päästevärava kogu aeg lahti ja mil iganes hing naaseb Jumala juurde, tervitab Ta iga hinge väga suure rõõmu ja õnnetundega.

Niisuguse meist lõpuni mitte lahti laskva Jumala armastusega avanes igaühele päästmise vastuvõtmise tee, milleks Jumal valmistas oma ainusündinud Poja Jeesuse Kristuse. Nii nagu kirjutatakse Heebrealastele 9:22: *„Moosese Seaduse järgi puhastatakse peaaegu kõik asjad vere kaudu, ja ilma vere valamiseta ei ole andeksandmist,"* Jeesus maksis oma kalli vere ja oma eluga patuste eest patuhinna, mida nemad tasuma oleksid pidanud.

1. Johannese 4:9 räägitakse Jumala armastusest järgmist: *„Jumala armastus meie vastu on saanud avalikuks selles, et Jumal oma ainusündinud Poja on läkitanud maailma, et me tema läbi elaksime."* Jumal lasi Jeesusel valada oma kalli vere inimkonna kõigist pattudest lunastamiseks. Jeesus löödi risti, aga Ta võitis surma ja tõusis kolmandal päeval surnuist üles, sest Temas ei olnud pattu. Selle kaudu avanes meie päästetee. Meile oma ainusündinud Poja andmine ei olnud nii lihtne, kui see kõlab. Korea kõnekäänus öeldakse: „Vanemaid ei tunne valu isegi siis, kui nende lapsed füüsiliselt nende silma torgata." Paljud lapsevanemad tunnevad, et nende laste elud on nende endi elust olulisemad.

Seega näitab Jumala otsus meie eest oma ainusündinud Poeg Jeesus anda äärmist armastust. Lisaks, Jumal valmistas Jeesuse Kristuse vere kaudu tagasisaadute jaoks taevariigi. Tegu on väga suure armastusega! Ja ikkagi ei lõpe Jumala armastus sellega.

Jumal andis meile Püha Vaimu, et meid Taevasse viia

Jumal annab Püha Vaimu anni neile, kes võtavad Jeesuse Kristuse vastu ja saavad pattude andestuse. Püha Vaim on Jumala süda. Isanda taevasseminekku järgi saatis Jumal meie südamesse Aitaja Püha Vaimu.

Roomlastele 8:26-27 öeldakse: *"Samuti tuleb ka Vaim appi meie nõtrusele: me ju ei tea, kuidas palvetada, nõnda nagu peab, kuid Vaim ise palub meie eest sõnatute ägamistega. Aga südameteuurija teab, mida Vaim taotleb, sest Jumala tahtmise järgi palub Ta pühade eest."*

Kui me teeme pattu, juhatab Püha Vaim meid sõnulseletamatute ägamistega meeleparandusele. Ta annab nõrga usuga inimestele usu ja lootuseta inimestele annab Ta lootuse. Nii nagu emad lohutavad õrnalt oma lapsi ja hoolitsevad nende eest, annab Tema meile kuulda oma häält, et me ei saaks haiget ega kannataks mingit kahju. Niimoodi laseb Ta meil tunda saada meid armastava Jumala südant ja juhatab meid taevariiki.

Kui me mõistame seda armastust sügavuti, armastame me paratamatult Jumalat vastu. Kui me armastame Teda kogu südamest, armastab Ta meid vastu suure ja hämmastava armastusega, mis vallutab meid vastupandamatult. Ta annab meile tervise ja õnnistab, et kõik läheks meiega hästi. Ta teeb seda, sest see on vaimumaailma seadus, kuid veelgi olulisem on see, et Ta tahab meile antud õnnistuste kaudu oma armastust tuntavaks teha. *"Mina armastan neid, kes armastavad mind, ja kes otsivad mind, need leiavad minu"* (Õpetussõnad 8:17).

Kuidas te tend tundsite, kui te kohtusite esiteks Jumalaga ja saite terveks või eri probleemidele lahendused? Tõenäoliselt te tundsite, et Jumal armastab isegi teiesarnast patust. Me usun, et tõenäoliselt te tunnistasite kogu südamest: „Kui kogu ookean tindiga täita ja pärgamendist taevaste peale Jumala armastuse suurusest kirjutada, ei jätkuks kogu ookeandi tindist." Samuti ma usun, et teile mureta, kurbuse, haiguse, lahusoleku ja surmata igavese Taeva andnud Jumala armastus vallutas teid.

Me ei armastanud Jumalat esimesena. Jumal tuli esiteks meie juurde ja sirutas oma käed meie poole välja. Ta ei armastanud meid, sest me olime armastust väärt. Jumal armastas meid nii palju, et Ta andis meie – surmamõistetud patuste – eest oma ainusündinud Poja. Ta armastas kõiki inimesi ja Ta hoolib meist kõigist suurema armastusega, kui oma imikut mitte unustada suutva ema armastus (Jesaja 49:15). Ta ootab meie järele nii nagu tuhande aasta asemel oleks ainsa päevaga tegu.

Jumala armastus on tõeline armastus, mis ei muutu isegi aja jooksul. Kui me hiljem Taevasse läheme, vajub meie suu ammuli, kui me näeme ilusaid pärgi, säravvalgeid linasest riidest rüüsid ja kullast ning vääriskividest ehitatud taevaseid kodasid, mille Jumal on meile valmistanud. Ta annab meile meie maapealse elu jooksul tasusid ja ande ja ootab innukalt päeva, mil Ta saaks meiega oma igaveses aus olla. Tundkem siis Ta suurt armastust.

2. PEATÜKK — *Kristuse armastus*

Kristuse armastus

" ...ja käige armastuses,
nõnda nagu Kristus meid on armastanud
ja on iseenese loovutanud meie eest anniks ja ohvriks,
magusaks lõhnaks Jumalale."
Efeslastele 5:2

Armastusel on suur vägi võimatu võimalikuks teha. Eriti on Jumala ja Isanda armastus tõesti hämmastavad. See võib muuta ebapädevad inimesed, kes ei suuda midagi efektiivselt teha, pädevateks inimesteks, kes suudavad kõike teha. Kui harimatud kalamehed, maksukogujad, keda tol ajal peeti patusteks, vaesed, lesed ja maailma poolt hüljatud kohtusid Isandaga, muutus nende elu täielikult. Nende vaesus ja haigus lahenes ja nad tundsid tõelist armastust, mida nad ei olnud kunagi varem tundnud. Nad pidasid end väärtusetuks, aga nad sündisid uuesti Jumala aulisteks tööriistadeks. Selline on armastuse vägi.

Jeesus tuli maa peale ja jättis kogu oma taevase au

Alguses oli Jumal Sõna ja Sõna tuli inimihus alla maa peale. See oli Jumala ainusündinud Poeg Jeesus, kes tuli maa peale, et päästa surma teed mööda läinud patust inimkonda. Nimi „Jeesus" tähendab *„Ta päästab oma rahva nende pattudest"* (Matteuse 1:21).

Kõik need patust määritud inimesed ei erinenud loomadest (Koguja 3:18). Jeesus sündis loomalaudas, et lunastada inimesi, kes jätsid selle, mida nad tegema oleks pidanud ja ei olnud loomadest etemad. Ta pandi sõime, mis oli loomade söötmiseks, et Temast saaks tõeline toit taoliste inimeste jaoks (Johannese 6:51). See sündis, et inimestes võiks taastuda Jumala kadumaläinud kuju ja nad võiksid oma täiskohust täita.

Samuti öeldakse Matteuse 8:20: *„Rebastel on urud ja taeva lindudel pesad, aga Inimese Pojal ei ole, kuhu ta oma pea võiks* *panna.*" Nii nagu öeldi, Tal ei olnud aset, kus magada ja Ta pidi öösel väljas külma ja vihma käes olema. Ta ei söönud ja oli paljudel kordadel näljane. See ei sündinud Tema suutlikkuse puudumise tõttu, vaid meie lunastamiseks vaesusest. 2. Korintlastele 8:9 öeldakse: „*Te ju teate meie Isanda Jeesuse Kristuse armu, et Tema, kuigi ta oli rikas, sai teie pärast vaeseks, et teie saaksite rikkaks Tema vaesusest.*"

Jeesus alustas oma avalikku teenistust tunnustähega. Ta tegi Kaana pulmasöömaajal veest veini. Ta kuulutas jumalariiki ja tegi Juuda ja Galilea aladel palju tunnustähti ja imesid. Paljud pidalitõbised said terveks, jalust vigased hakkasid käima ja hüppama ja deemonitest seestumise tõttu kannatanud said pimeduse väest vabaks. Isegi neli päeva surnud inimene, kes juba lehkas, tuli hauast elusalt välja (Johannese 11. peatükk).

Jeesuse läbi ilmnesid Ta maapealse teenistuse ajal niisugused hämmastavad asjad, mis lasid inimestel mõista Jumala armastust. Lisaks, Ta oli oma päritolu poolest Jumalaga üks ja Sõna ise ning Ta pidas Seadusest täielikult kinni ja oli meile täiuslikuks eeskujuks. Samuti ei mõistnud Ta Seaduse rikkujaid ja surmamõistetuid hukka lihtsalt seetõttu, et Ta pidas kogu Seadusest kinni. Ta lihtsalt õpetas inimestele tõde, et üks hing võiks veel meelt parandada ja päästetud saada.

Kui Jeesus oleks kõiki rangelt Seaduse alusel mõõtnud, ei oleks keegi päästetud saanud. Seadus sisaldab Jumala käske, kus käsitakse meil midagi teha, mitte teha, millestki vabaneda ja teatud asjadest kinni pidada. Näiteks on seadused nagu „pühitsege hingamispäeva; ärge himustage oma ligimese vara; austage oma vanemaid ja vabanege igasugusest kurjast." Kogu

Seaduse ülim eesmärk on armastus. Kui te peate kõiki eeskirju ja seadusi, võite te vähemalt välispidiselt armastuses elada.

Aga Jumal ei taha, et me lihtsalt oma tegudega Seadusest kinni peaksime. Ta tahab, et me elaksime Seaduse kohaselt kogu oma südamest armastades. Jeesus tundis väga hästi taolist Jumala südant ja täitis Seaduse armastusega. Üks parimaid näiteid on abielurikkumiselt tabatud naise juhtum (Johannese 8. peatükk). Ühel päeval tõid kirjatundjad ja variserid abielurikkumiselt tabatud naise, panid ta inimeste keskele ja küsisid Jeesuselt: *„Mooses on Seaduses käskinud niisugused kividega surnuks visata. Mida nüüd sina ütled?"* (Johannese 8:5).

Nad ütlesid seda, et Jeesuse süüdistamiseks põhjust leida. Mida see naine teie arvates sellel hetkel tundis? Ta pidi tundma väga suurt häbi, et tema patt sai kõigi ees ilmsiks ja tõenäoliselt ta värises hirmust, sest teda ootas ees kividega surnuksviskamine. Kui Jeesus oleks öelknud: „Visake ta kividega surnuks!", oleksid väga paljud teda tabanud kivid ta elu lõpetanud.

Aga Jeesus ei käskinud neil teda Seaduse kohaselt karistada. Selle asemel Ta kummardus ja hakkas oma sõrmega midagi maha kirjutama. Need olid patud, mida inimesed ühiselt tegid. Pärast nende pattude loetlemist Ta tõusis ja ütles: *„Kes teie seast ei ole pattu teinud, visaku teda esimesena kiviga!"* (7. salm). Siis kummardus Ta taas ja hakkas midagi kirjutama.

Seekord kirjutas Ta igaühe patud, otsekui Ta oleks neid näinud, millal need tehti ja kus ja kuidas neist igauks tegi oma patte. Need, kes tundsid süümepiina, lahkusid ühekaupa. Lõpuks jäid vaid Jeesus ja naine. Järgmistes, 10. ja 11. salmides öeldakse: *„Jeesus ajas enese sirgu ja ütles talle: 'Naine, kus nad on? Kas* *keegi ei ole sind surma mõistnud?' Tema ütles: 'Ei keegi, Isand!' Aga Jeesus ütles: Ega minagi mõista sind surma. Mine, ja nüüdsest peale ära enam tee pattu!"*

Kas naine ei teadnud, et abielurikkumise eest oli karistuseks kividega surnukspildumine? Muidugi teadis ta seda. Ta tundis Seadust, kuid ta tegi pattu, sest ta ei suutnud oma himu võita. Ta ootas lihtsalt oma surmamõistmist, sest ta patt oli avalikuks saanud ja kui ta koges ootamatult Jeesuse andestust, pidi see talle suurt meeleliigutust valmistama! Ta ei oleks enam pattu teha suutnud niikaua kui Jeesuse armastus tal meeles püsis.

Kuna Jeesus andestas oma armastusest Seadust rikkunud naisele, kas see teeb Seaduse iganenuks, juhul kui me armastame Jumalat ja oma ligimesi? See pole tõsi. Jeesus ütles: *„Ärge arvake, et ma olen tulnud Seadust või Prohveteid tühistama. Ma ei ole tulnud neid tühistama, vaid täitma"* (Matteuse 5:17).

Me võime Jumala tahet Seaduse olemasolu tõttu täiuslikumalt teha. Kui keegi väidab end lihtsalt Jumalat armastavat, ei saa me tema armastuse sügavust ja laiust mõõta. Kuid ta armastuse mõõtu saab kontrollida, sest meil on Seadus. Kui ta tõesti armastab kogu südamest Jumalat, peab ta kindlasti Seadusest kinni. Niisugusel inimesel ei ole Seadusest raske kinni pidada. Lisaks, Jumal armastab ja õnnistab teda Seadusest korrakohaselt kinnipidamisega võrdväärselt.

Aga Jeesuse aja seadusetundjad ei tundnud Seaduses oleva Jumala armastuse vastu huvi. Nende tähelepanu keskmes ei olnud oma südame pühitsemine, vaid lihtsalt formaalsustest kinnipidamine. Nad tundsid rahulolu ja isegi uhkust Seadusest väliselt kinnipidamise üle. Nad arvasid, et nad peavad Seadusest kinni ja seega nad mõistsid kohe Seadust rikkunute üle kohut ja mõistsid nad hukka. Kui Jeesus selgitas Seaduses sisalduvad tõelist tähendust ja õpetas neid Jumala südant tundma, väitsid nad, et Jeesus eksis ja oli deemonitest seestunud.

Kuna variseridel ei olnud armastust, ei toonud Seadusest põhjalikult kinnipidamine nende hingele üldsegi mingit tulu (1. Korintlastele 13:1-3). Nad ei vabanenud oma südames olevast kurjusest, vaid üksnes mõistsid teiste üle kohut ja mõistsid neid hukka, seega Jumalast üha enam eemaldudes. Lõpuks tegid nad Jumala Poega risti lüües pöördumatu patu.

Jeesus täitis risti ettehoolde, olles surmani kuulekas

Jeesus läks oma kolmeaastase teenistuse lõpus veidi enne oma kannatuseaja algust Õlimäele. Hilisöö saabudes palvetas Jeesus kogu südamest oma eesseisva ristilöömise eest. Ta palve oli karje kõigi hingede päästmiseks oma ilmsüütu verega. See oli palve, kus Ta palus väge, et võita ristikannatused. Ta palus väga tuliselt ja Ta higi tilkus verepiiskadena maha (Luuka 22:42-44).

Sel ööl võtsid sõdurid Jeesuse kinni ja viisid Teda küsitlemiseks ühest kohast teise. Lõpuks määrati Talle Pilaatuse kohtus surmaotsus. Rooma sõdurid panid Talle okaskrooni pähe, sülitasid Ta peale ja lõid Teda enne Ta hukkamispaigale viimist (Matteuse 27:28-31).

Ta ihu oli verega kaetud. Teda pilgati ja piitsutati kogu öö ja selle ihuga läks Ta puuristi kandes Kolgatale. Suur rahvahulk järgnes Talle. Oli aeg, mil nad tervitasid Teda, hüüdes „Hosanna!", aga nüüd oli neist saanud rahvasumm, kes karjus: „Lööge Ta risti!"

Jeesuse nägu oli tundmatuseni verega määrdunud. Piinavalu tõttu oli Ta kaotanud kogu oma jõu ja Tal oli äärmiselt raske ühtegi sammu edasi liikuda.

Pärast Kolgatale jõudmist löödi Jeesus meie pattude lunastamiseks risti. Ta pandi puuristile, mille peal Ta valas kogu oma vere, et lunastada meid käsuneeduse alt, kus öeldakse, et patu palk on surm (Roomlastele 6:23). Ta andestas oma peas okaskrooni kandes meie patud, mida me oma mõtetes teeme. Ta käed ja jalad naelutati ristile, et andestada meie patud, mida me teeme oma käte ja jalgadega.

Rumalad inimesed, kes seda ei teadnud, pilkasid ja irvitasid ristile pandud Jeesuse üle (Luuka 23:35-37). Aga isegi piinavat valu tundes palus Jeesus oma ristilööjatele andestust, nii nagu kirjutatakse Luuka 23:34: *„Isa, anna neile andeks, sest nad ei tea, mida nad teevad!"*

Ristilöömine on üks kõige julmemaid hukkamõistmismeetodeid. Süüdimõistetu peab teiste karistustega võrreldes suhteliselt kauem aega valu kannatama. Kätest ja jalgadest lüüakse naelad läbi ja ihu rebeneb. Vereringes on tugev vedelikupuudus ja häired. See põhjustab siseorganite tegevuse tugevat halvenemist. Hukkamõistetu peab kannatama ka verelõhna tõttu tulevate putukate tekitatud valu.

Mida Jeesus teie arvates risti peal olles mõtles? Ta ei mõtelnud oma ihu piinava valu peale. Aga selle asemel mõtles Ta põhjusele, miks Jumal lõi inimesed, inimese maapealse kasvatamise tähendusele ja põhjusele, miks Ta pidi end inimese patu eest ohvriks tooma ja Ta tänas selle eest kogu südamest.

Kui Jeesus oli ristil kuus tundi valu käes kannatanud, ütles Ta:

„Mul on janu" (Johannese 19:28). See oli vaimne janu ehk janu surma teed minevate hingede võitmiseks. Ta mõtles tulevikus maa peal elavatele arvukatele hingedele ja palus neile risti sõnumit hingede päästmiseks edastada.

Lõpuks ütles Jeesus: *„See on lõpetatud!"* (Johannese 19:30) ja hingas siis viimast korda, pärast seda kui Ta oli öelnud: *„Isa, Sinu kätta annan ma oma vaimu"* (Luke 23:46). Ta andis oma vaimu Jumala kätte, sest Ta oli ise lepitusohvriks saades lõpule viinud oma ülesande kogu inimkonnale pääsemise tee teha. Sel hetkel teostus kõige suurema armastuse tegu.

Sellest ajast saadik rebiti maha Jumala ja meie vaheline patumüür ja me saame Jumalaga otse suhelda. Enne seda pidi ülempreester inimeste andestuse eest ohvri tooma, aga seda ei tule enam teha. Igaüks, kes usub Jeesust Kristust, võib Jumala pühasse pühamusse tulla ja Jumalat vahetult kummardada.

Jeesus valmistab oma armastusega taevased eluasemed

Jeesus rääkis enne ristileminekut oma jüngritele eesseisvatest asjadest. Ta rääkis, et Ta peab Isa Jumala ettehoolde täitmiseks risti kanda võtma, aga jüngrid muretsesid ikkagi. Siis andis Ta neile lohutuseks taevaste eluasemete kohta selgitusi.

Johannese 14:1-3 öeldakse: *„Teie süda ärgu ehmugu! Uskuge Jumalasse ja uskuge minusse! Minu Isa majas on palju eluasemeid. Kui see nõnda ei oleks, kas ma siis oleksin teile öelnud, et ma lähen teile aset valmistama? Ja kui ma olen läinud ja teile aseme valmistanud, tulen ma jälle tagasi ja võtan* *teid kaasa enese juurde, et teiegi oleksite seal, kus olen mina."* Tegelikult Ta võitis surma ja äratati ellu ja Ta läks paljude inimeste nähes üles Taevasse. Aga mida tähendab „ma lähen teile aset valmistama"?

1. Johannese 2:2 öeldakse: „*...ning tema on lepitusohver meie pattude eest, kuid mitte üksnes meie, vaid ka terve maailma pattude eest.*" Nii nagu öeldakse, see tähendab, et igaüks võib usu kaudu Taevasse minna, sest Jeesus tegi Jumala ja meie vahelise patumüüri maatasa.

Jeesus ütles ka: „Minu Isa kojas on palju eluasemeid" ja rääkis, et Ta tahtis igaühe pääsemisele tulekut. Ta ei öelnud, et „Taevas" oli palju eluasemeid, vaid „Tema Isa kojas", sest me võime kutsuda Jeesuse kalli vereteo kaudu Jumalat „Abba, Isa!"

Isand teeb ikka meie eest lakkamatut eestpalvet. Ta palvetab kogu südamest Jumala aujärje eest ja ei söö ega joo (Matteuse 26:29). Ta palub niimoodi, et me võidaksime maapealse inimese kasvatamise käigus ja ilmutaksime oma hinge hea käekäiguga Jumala au.

Lisaks, kui inimese kasvatamise lõpus toimub Suure valge trooni kohus, tegutseb Ta ikka meie heaks. Kohtukojas tuleb igaühel anda aru vähimastki veast, mida igaüks teinud on. Aga Isand on jumalalaste kaitsja ja palub nende eest, öeldes: „Ma pesin nende patud oma verega," et nad saaksid Taevas parema elukoha ja tasud. Kuna Ta tuli maa peale alla ja koges ise kõike, millest inimesed läbi lähevad, räägib Ta inimeste eest nende kaitsjana. Kuidas me mõistaksime sellist Kristuse armastust täielikult?

Jumal lasi meil oma ainusündinud Poja Jeesuse Kristuse kaudu tunda saada armastust, mida Ta meie vastu tunneb. See armastus on armastus, millega Jeesus ei hoidunud oma viimast veretilka meie eest valamast. See on tingimusteta muutumatu armastus, millega Ta andestab seitsekümmend korda seitse korda. Kes võiks meid lahutada sellest armastusest?

Apostel Paulus kuulutab Roomlastele 8:38-39: *"Sest ma olen veendunud, et ei surm ega elu, ei inglid ega peainglid, ei praegused ega tulevased, ei väed, ei kõrgus, ei sügavus ega mis tahes muu loodu suuda meid lahutada Jumala armastusest, mis on Kristuses Jeesuses, meie Isandas."*

Apostel Paulus sai sellest Jumala ja Kristuse armastusest aru ja loobus oma elust täielikult, et täita Jumala tahet ja elada apostlina. Pealegi Ta ei säästnud oma elu paganatele evangeeliumi kuulutades. Ta elas Jumala armastusega, mis viis arvukaid hingi pääsemise teele.

Isegi kui teda kutsuti „naatsaretlaste sekti juhiks", pühendas Paulus kogu oma elu jutlustamisele. Ta viis kõigest mõõtmatult sügavama ja laiema Jumala ja Isanda armastuse kogu maailma. Ma palun Isanda nimel, et te saaksite tõelisteks jumalalasteks ja täidaksite Seaduse armastusega ning elaksite igavesti kõige ilusamas taevases elukohas Uues Jeruusalemmas, kus te jagate Jumala ja Kristuse armastust.

Autor:
Dr Jaerock Lee

Dr Jaerock Lee sündis 1943. aastal Muanis, Jeonnami provintsis, Korea Vabariigis. Kahekümnesena oli Dr Lee mitmete ravimatute haiguste tõttu seitse aastat haige ja ootas surma ilma paranemislootuseta. Kuid õde viis ta ühel 1974. aasta kevadpäeval kogudusse ja kui ta põlvitas, et palvetada, tervendas elav Jumal ta kohe kõigist haigustest.

Hetkest kui Dr Lee kohtus selle imelise kogemuse kaudu elava Jumalaga, on ta Jumalat kogu südamest siiralt armastanud ja Jumal kutsus ta 1978. aastal end teenima. Ta palvetas tuliselt, et ta võiks Jumala tahet selgelt mõista ja seda täielikult teha ning kuuletuda kogu Jumala Sõnale. 1982. aastal asutas ta Manmini koguduse Seoulis, Lõuna-Koreas ja tema koguduses on aset leidnud arvukad Jumala teod, kaasa arvatud imepärased tervenemised ja imed.

1986. aastal ordineeriti Dr Lee Korea Jeesuse Sungkyuli koguduse aastaassambleel pastoriks ja neli aastat hiljem – 1990. aastal, hakati tema jutlusi edastama Austraalia, Venemaa, Filipiinide ülekannetes ja paljudes muudes kohtades Kaug-Ida ringhäälingukompanii, Aasia ringhäälingujaama ja Washingtoni kristliku raadiosüsteemi vahendusel.

Kolm aastat hiljem, 1993. aastal, valis *Christian World (Kristliku maailma)* ajakiri (USA) Manmini Keskkoguduse üheks „Maailma 50 tähtsamast kogudusest" ja Christian Faith College *(Kristlik Usukolledž),* Floridas, USA-s andis talle Teoloogia audoktori tiitli ja 1996. aastal sai ta Ph.D. teenistusalase kraadi Kingsway Teoloogiaseminarist Iowas, USA-s.

1993. aastast alates on Dr Lee juhtinud maailma misjonitööd, viies läbi palju välismaiseid krusaade Tansaanias, Argentinas, L.A.-s, Baltimore City's, Havail ja New York City's USA-s, Ugandas, Jaapanis, Pakistanis, Kenyas, Filipiinidel, Hondurasel, Indias, Venemaal, Saksamaal, Peruus, Kongo Rahvavabariigis, Iisraelis ja Eestis.

2002. aastal kutsuti teda Korea peamistes kristlikes ajalehtedes tema väelise teenistuse tõttu erinevatel väliskoosolekusarjadel „ülemaailmseks äratusjutlustajaks." Ta kuulutas julgelt, et Jeesus Kristus on Messias ja Päästja eriti „New Yorki 2006. aasta koosolekusarja" käigus, mis toimus maailma kuulsaimal laval Madison Square Gardenis ja mida edastati 220 riiki ja Jeruusalemma rahvusvahelises koosolekukeskuses toimunud „2009. aasta Iisraeli ühendkoosolekute sarja" käigus.

Tema jutlusi edastatakse 176 riiki satelliitide kaudu, kaasa arvatud GCN TV ja ta kuulus Venemaa populaarse kristliku ajakirja In Victory *(Võidukas)* ja uudisteagentuuri Christian Telegraph *(Kristlik Telegraaf)* sõnul 2009. ja 2010. aastal oma vägeva teleedastusteenistuse ja välismaiste koguduste pastoriks olemise tõttu kümne kõige mõjukama kristliku juhi sekka.

2019. aasta veebruaris alates koosneb Manmini Keskkogudus rohkem kui 130 000 liikmest. Kogudusel on 11000 sisemaist ja välismaist harukogudust, mille hulka kuuluvad 56 kodumaist harukogudust ja praeguseni on sealt välja lähetatud rohkem kui 99 misjonäri 27 maale, kaasa arvatud Ameerika Ühendriigid, Venemaa, Saksamaa, Kanada, Jaapan, Hiina, Prantsusmaa, India, Kenya ja paljud muud maad.

Tänaseni on Dr Lee kirjutanud 115 raamatut, kaasa arvatud bestsellerid *Tasting Eternal Life before Death (Maitsedes igavest elu enne surma), My Life My Faith I & II (Minu elu, minu usk I ja II osa), The Message of the Cross (Risti sõnum), The Measure of Faith (Usu mõõt), Heaven I & II (Taevas I ja II osa), Hell (Põrgu)* ja *The Power of God (Jumala vägi)* ja tema teosed on tõlgitud enam kui 75 keelde.

Tema kristlikud veerud ilmuvad väljaannetes *The Hankook Ilbo, The JoongAng Daily, The Chosun Ilbo, The Dong-A Ilbo, The Hankyoreh Shinmun, The Seoul Shinmun, The Kyunghyang Shinmun, The Korea Economic Daily, The Shisa News* ja *The Christian Press.*

Dr Lee on praegu mitme misjoniorganisatsiooni ja-ühingu asutaja ja president, kaasa arvatud The United Holiness Church of Korea *(Korea Ühendatud Pühaduse Koguduse)* esimees; The World Christianity Revival Mission Association *(Ülemaailmse Kristliku Äratusmisjoni Liidu)* asutaja; Global Christian Network (GCN) *(Ülemaailmse Kristliku Võrgu CGN)* asutaja ja juhatuse esimees; The World Christian Doctors Network (WCDN) *(Ülemaailmse Kristlike Arstide Võrgu WCDN)* asutaja ja juhatuse esimees; Manmin International Seminary (MIS) *(Manmini Rahvusvahelise Seminari MIS)* asutaja ja juhatuse esimees.

Teised kaalukad teosed samalt autorilt

Taevas I & II

Üksikasjalik ülevaade taevakodanike toredast elukeskkonnast keset Jumala au ja taevariigi eri tasemete ilus kirjeldus.

Risti Sõnum

Võimas äratussõnum kõigile, kes on vaimses unes! Sellest raamatust leiate te põhjuse, miks Jeesus on ainus Päästja ja tõeline Jumala armastus.

Põrgu

Tõsine sõnum kogu inimkonnale Jumalalt, kes soovib, et ükski hing ei sattuks põrgu sügavustesse! Te leiate mitte kunagi varem ilmutatud ülevaate surmavalla ja põrgu julmast tegelikkusest.

Vaim, Hing ja Ihu I & II

Teatmik, kust saab vaimse arusaama vaimu, hinge ja ihu kohta ja mis aitab meil avastada oma „mina", milleks meid tehti, et me saaksime pimeduse võitmiseks väe ja muutuksime vaimseks inimeseks.

Usumõõt

Missugune elukoht, aukroon ja tasu on sulle Taevas valmistatud? Sellest raamatust saab tarkust ja juhatust usu mõõtmiseks ja parima ning kõige küpsema usu arendamiseks.

Ärka, Iisrael

Miks on Jumal pidanud Iisraeli maailma algusest kuni tänapäevani silmas? Missugune Jumala ettehoole on lõpuajaks valmistatud Iisraelile, kes ootab Messiase tulekut?

Minu Elu ja Mu Usk I & II

Kõige hõrgum vaimne lõhn, mis tuleb Jumala armastusega õilmitsevast elust keset süngeid laineid, külma iket ja sügavaimat meeleheidet.

Jumala Vägi

Kohustuslik kirjandus, mis on vajalik juhis tõelise usu omamiseks ja Jumala imelise väe kogemiseks.

www.urimbooks.com